Torsten Tomczak · Sabine Dittrich

Erfolgreich Kunden binden
Eine kompakte Einführung

Band I der Reihe GfM-Manual
Herausgegeben von Prof. Dr. Richard Kühn
und Prof. Dr. Torsten Tomczak

WERD VERLAG

Alle Rechte vorbehalten, einschliesslich
derjenigen des auszugsweisen Abdrucks
und der elektronischen Wiedergabe

© 1997 Werd Verlag, Zürich

Lektorat: Brigitta Klaas Meilier, München
Gestaltung Umschlag: Barbara Willi-Halter, Zürich
Gestaltung Inhalt: Katrin Zbinden, Zürich

Inhaltsverzeichnis

Abbildungsverzeichnis   5

Tabellenverzeichnis   6

Vorwort   7

Überblick   9

1. Grundlagen der Kundenbindung   11

1.1 Warum ist Kundenbindung bedeutend?   11
1.1.1 Marktveränderung   11
1.1.2 Wirkungseffekte der Kundenbindung   11
1.2 Begriff und Wirkungsrahmen der Kundenbindung   14
1.3 Wirkungsebenen der Kundenbindung   15
1.4 Dynamische Betrachtung der Kundenbindung   16

2. Die richtigen Kunden binden   18

2.1 Bewertungskriterien   18
2.2 Ansätze zur Kundenbewertung   19
2.2.1 Ermittlung des Kundenwerts aus ökonomischen Grössen   19
2.2.2 Kombination ökonomischer und vorökonomischer Grössen   20
a) Portfoliokonzepte   20
b) Modell des Beziehungslebenszyklus   22
c) Scoringmodelle   22

3. Die Kunden richtig binden   24

3.1 Wechselbarrieren innerhalb von Geschäftsbeziehungen   24
3.1.1 Faktische Bindungen   24
a) Ökonomische Bindungen   24
b) Rechtliche Bindungen   25
3.1.2 Kundenzufriedenheit   26
a) Begriff der Kundenzufriedenheit   26
b) Wirkung der Kundenzufriedenheit   27
c) Gestaltung von Kundenzufriedenheit   30
3.1.3 Vertrauen   31
a) Begriff und Wirkung von Vertrauen   31
b) Vertrauensfördernde Massnahmen   32
3.1.4 «Innere Verpflichtung» gegenüber dem Anbieter   35

3.2 Gestaltung der Kundenbindung ... 35
3.2.1 Die acht «I» der Kundenbindung ... 35
3.2.2 Entwickeln Sie innovative Leistungssysteme ... 38
3.2.3 Integrieren Sie Ihre Kunden in den Wertschöpfungsprozess ... 40
3.2.4 Nutzen Sie die Beschwerden Ihrer Kunden ... 42
3.2.5 Pflegen Sie zu Ihren Kunden einen regelmässigen Kontakt ... 45
3.2.6 Belohnen Sie Ihre Kunden für ihre Treue ... 48

4. Controlling und Organisation ... 52

4.1 Messung der Kundenbindung ... 52
4.2 Mitarbeiter, Systeme und Strukturen ... 54
4.3 Datenbanken ... 55

Entscheidungshilfen zur Kundenbindung ... 58

Anmerkungen ... 62

Literaturverzeichnis ... 65

Abbildungsverzeichnis:

Abb. 1: Der «Buying Cycle».	9
Abb. 2: Die drei Schritte zur erfolgreichen Kundenbindung.	10
Abb. 3: Weshalb Kunden erst mit der Zeit profitabler werden.	12
Abb. 4: Marktveränderungen und Chancen für den Anbieter.	13
Abb. 5: Kundenbindung in der Beziehung Anbieter – Kunde.	14
Abb. 6: Wirkungsrahmen der Kundenbindung.	15
Abb. 7: Die Ebenen der Kundenbindung.	16
Abb. 8: Vereinfachtes Kundenloyalitätsmodell für eine Zeitschrift.	20
Abb. 9: Geschäftsbeziehungsportfolio.	21
Abb. 10: Modell des Beziehungslebenszyklus.	22
Abb. 11: Beispiele für technologische Kundenbindung.	24
Abb. 12: Ansatzpunkte zum Aufbau ökonomischer Wechselbarrieren durch monetäre oder quasi-monetäre Anreize (Beispiele).	25
Abb. 13: Beispiele für vertragliche Kundenbindung.	26
Abb. 14: Beeinflussungsfaktoren der Kundenzufriedenheit.	27
Abb. 15: Das Verhältnis zwischen Kunden-(un-)zufriedenheit und Kaufverhalten.	28
Abb. 16: Beziehung zwischen Kundenzufriedenheit und Kundenbindung in verschiedenen Märkten.	28
Abb. 17: Kunden(-un-)zufriedenheitstypen und deren Auswirkung auf die Höhe der subjektiv empfundenen Wechselbarrieren.	29
Abb. 18: Personenmerkmale als Einflussfaktoren des Variety-seeker-Status.	30
Abb. 19: Quellen der Kunden(-un-)zufriedenheit.	31
Abb. 20: Vertrauensspirale.	33
Abb. 21: Die acht «I» der Kundenbindung.	35
Abb. 22: Das Spektrum potentieller Leistungen bzw. Anreize eines Anbieters.	38
Abb. 23: Prinzipien des Managements von Leistungssystemen.	39
Abb. 24: Prozessorientierte Kundensegmentierung bei IBM.	41
Abb. 25: Exemplarisches Blueprint zur Darstellung von Prozessen.	41
Abb. 26: Restaurant-Blueprint.	42
Abb. 27: Der Beschwerdemanagementprozess im Überblick.	43
Abb. 28: Beispiel für ein Beschwerdeerfassungsformular.	44
Abb. 29: Beispiel eines einfachen Beschwerdebearbeitungsprozesses.	45
Abb. 30: Ansatzpunkte für kundenorientiertes Mitarbeiterverhalten.	54

Tabellenverzeichnis:

Tab. 1: Zukunftsbezogene ökonomische und vorökonomische Grössen zur Ermittlung des Kundenwerts (Beispiele).	18
Tab. 2: Normstrategien für Investitionen in Geschäftsbeziehungen.	21
Tab. 3: Beispiel eines Berechnungsschemas der RFM-Methode.	23
Tab. 4: Ähnlichkeitsmerkmale auf individueller und organisatorischer Ebene.	34
Tab. 5: Kundenkontaktprogramm bei einem Automobilkunden (Beispiel).	46
Tab. 6: Meilen sammeln und Meilen ausgeben bei Qualiflyer (Beispiel).	49
Tab. 7: Serviceleistungen 1996 für Travel Club Mitglieder (Auszug).	50
Tab. 8: Kooperationspartner innerhalb des Qualiflyer Programmes 1996.	51
Tab. 9: Messgrössen der Kundenbindung (Beispiele).	52
Tab. 9a: Indirekt ermittelte Verhaltensabsichten der Kunden als «Vorläufer» der Kundenbindung.	53
Tab. 10: Barrieren der Kundenorientierung (Beispiele).	54
Tab. 11: Beispiele interner und externer Datenquellen.	56
Tab. 12: Informationsspektrum einer Kundendatenbank.	57
Tab. 13: Informationsgehalt und Informationsverarbeitung.	57

Vorwort

In vielen Branchen wird seit einigen Jahren die Stammkundenpflege gegenüber der Kundenakquisition zunehmend höher gewichtet. Infolge vergleichbarer Konkurrenzleistungen und kürzerer Zeitvorsprünge in der Technologie müssen Wettbewerbsvorteile verstärkt auf der Ebene der längerfristigen Beziehung zum Kunden geschaffen werden.

Zahlreiche theoretische und empirische Erkenntnisse zur ökonomischen Bedeutung von zufriedenen und treuen Kunden existieren bereits. Viele Führungskräfte in Unternehmen haben die Relevanz der Kundenbindung erkannt. Die erforderlichen Entscheidungen sind jedoch so komplex, dass oft nur isolierte und sporadische Einzelmassnahmen durchgeführt werden, die wenig zum langfristigen Unternehmenserfolg beitragen.

Das vorliegende «Manual» bietet deshalb eine kompakte Einführung zum Thema Kundenbindung. Ziel ist es nicht, allgemeine Patentlösungen vorzustellen, sondern einen Gesamteindruck zu vermitteln, wann Kundenbindung überhaupt sinnvoll ist, welche zentralen Einflussgrössen dabei zu beachten sind und welche Massnahmen sich in der Praxis als wirkungsvoll erwiesen haben.

Der Aufbau des Manuals folgt einem strukturierten Denk- und Entscheidungsprozess. Trotzdem ist es auch möglich – je nach Interesse – einzelne Kapitel separat zu lesen. Der letzte Teil bietet zudem Entscheidungshilfen, die konkret auf einzelne Schwerpunkte in den Kapiteln hinweisen.

Torsten Tomczak

Sabine Dittrich

Überblick

Beziehungen zwischen den einzelnen Marktteilnehmern stehen schon immer im Mittelpunkt der Marketingforschung, und auch das Ziel, Kunden an das Unternehmen zu binden und Folgekäufe zu erzielen, ist nicht neu. Allerdings konzentrierten sich viele Anbieter in der Vergangenheit vorrangig auf die Phase *vor dem Kauf*. Im Vordergrund stand die Maximierung von Geschäftsabschlüssen.[1] Neue Erkenntnisse in der Zufriedenheitsforschung und die Etablierung des Servicegedankens veränderten die Blickrichtung der Unternehmen hin zur *Nachkaufphase*.[2] Die Praxis zeigte jedoch, dass zufriedene Kunden nicht zwangsläufig loyal sein müssen (und umgekehrt).[3] Ein notwendiger Schritt ist deshalb ein prozess- und kundenorientiertes Management-Konzept,[4] welches die kontinuierliche Planung, Gestaltung und Kontrolle von Geschäftsbeziehungen mit spezifischen Kunden umfasst. Mittels eines genau abgestimmten Marketing-Instrumentariums soll mehr Kundennähe und damit auch Kundenbindung erzeugt werden. Nicht isolierte, zeitpunktbezogene Transaktionen, sondern die Bedürfnisse und Erwartungen der Kunden über den gesamten *Kundenlebenszyklus* (s. 2.2.2, S. 22) bzw. «Buying Cycle» müssen im Mittelpunkt der Marketinganstrengungen stehen (s. Abb. 1).

Reine Transaktionsgeschäfte wird es auch in Zukunft geben. Man denke zum Beispiel an ein Ausflugslokal, das von Kunden nur ein einziges Mal besucht wird. Auch Geschäfte, bei denen zum Zeitpunkt der Kaufentscheidung nur isolierte Kriterien, wie z.B. «der am schnellsten liefert» oder «der Billigste» ausschlaggebend sind, benötigen keinen langfristigen Beziehungsrahmen. In dieser Situation wird Kundenbindung weder vom Kunden erwünscht, noch kann sie vom Anbieter effektiv und effizient verfolgt werden.

Der Erfolg durch Kundenbindung ist deshalb sowohl nach Effektivitäts- als auch nach Effizienzkriterien zu bewerten. Zwei Grundsätze sind zu beachten:

❐ Die *richtigen* Kunden binden.
❐ Die Kunden *richtig* binden.

Folgende Fragen stehen dabei im Mittelpunkt, die auch den Aufbau dieser Arbeit bestimmen:

I. Welche Kunden wollen wir binden?

Ausgangspunkt dieser Überlegungen ist die als Praktiker-Faustformel bekannte «80:20-Regel», die besagt, dass erfahrungsgemäss etwa 80 Prozent des Umsatzes mit 20 Prozent der Kunden erzielt wird. Demnach gibt es Kunden mit unterschiedlicher Bedeutung für den Anbieter. In Kapitel 2 geht es um die Bestimmung derjenigen Kunden, die es wert sind, gebunden zu werden.

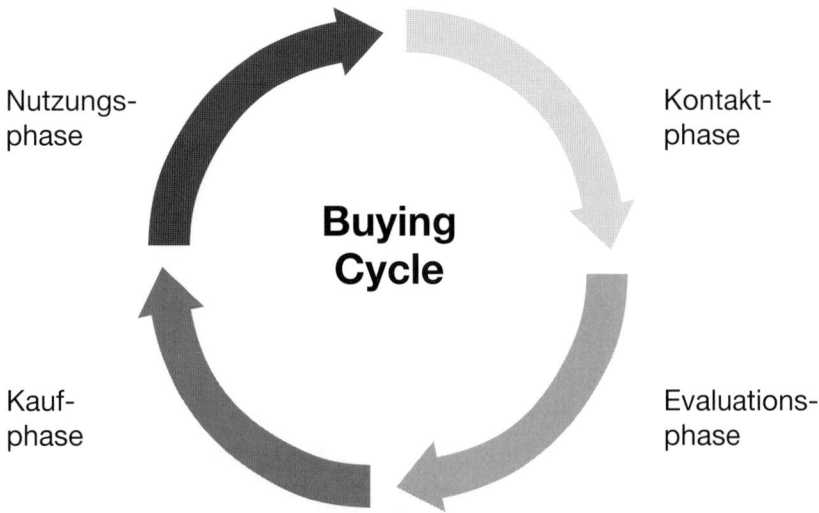

Abb. 1: Der «Buying Cycle». Quelle: in Anlehnung an Mauch 1990, S. 16.

II. Womit erreichen wir Kundenbindung, und wie belohnen wir die Treue der Kunden?

Kundenbindung kann durch verschiedene Massnahmen erreicht werden. Aber nicht jede ist geeignet und vor allem langfristig erfolgreich. In Abhängigkeit der Kundenbedürfnisse der bedeutenden Kunden, der Wettbewerbssituation, den Eigenschaften des Angebots und der eigenen Unternehmensstärken sind effektive Bindungsmechanismen aufzubauen. Kapitel 1 beschäftigt sich mit den allgemeinen Grundlagen. Konkrete Ansätze zur Umsetzung enthält Kapitel 3.

III. Controlling und Organisation

1. Rechnet sich die Kundenbindung?

Zur Um- und Durchsetzung von Kundenbindungsmassnahmen muss sich deren Erfolg nachweisen lassen. Dafür sind Kenngrössen notwendig, die zum einen die Stärke der Kundenbindung, zum anderen den ökonomischen Erfolg abbilden können.

2. Welche Anforderungen bestehen an die interne Organisation?

Ein kontinuierliches Controlling der Kundenbindung setzt eine aktuelle und umfassende Datenbank voraus. Des weiteren werden strukturelle und personelle Veränderungen notwendig. Kapitel 4 erläutert dazu grundlegende Aspekte. Abbildung 2 zeigt nochmals die Schrittfolge im Überblick.

1. Schritt: Die richtigen Kunden binden	**Kapitel 2.**
⇨ Bewertungskriterien	2.1
⇨ Ansätze zur Kundenbewertung	2.2

⬇

2. Schritt: Die Kunden richtig binden	**Kapitel 1. / 3.**
⇨ Grundlagen der Kundenbindung	1.
⇨ Bedeutung	1.1
⇨ Wirkung	1.2 - 1.4
⇨ Die Kunden richtig binden	3.
⇨ Wechselbarrieren	3.1
⇨ Gestaltung der Kundenbindung	3.2

⬇

3. Schritt: Controlling und Organisation	**Kapitel 4.**
⇨ Kundenbindung messen	4.1
⇨ Mitarbeiter und Strukturen	4.2
⇨ Datenbanken	4.3

Abb. 2: Die drei Schritte zur erfolgreichen Kundenbindung.

1. GRUNDLAGEN DER KUNDENBINDUNG

1.1 Warum ist Kundenbindung bedeutend?

Aktive Massnahmen zur Kundenbindung sind besonders relevant für Unternehmen
- ohne direkten Kontakt zum Endkunden,
- mit starkem Wiederholungsgeschäft,
- mit hohem Akquisitionsaufwand für Neukunden und
- mit grossem Investitionsvolumen bzw. komplexen Austauschbeziehungen zu Beginn und während der Beziehung.

Die Ursachen für eine zunehmende Bedeutung von stabilen Geschäftsbeziehungen liegen in veränderten Marktstrukturen und in den Vorteilen, die Anbieter durch einen hohen Stammkundenanteil erzielen können.[1]

1.1.1 Marktveränderungen

Verändertes Kaufverhalten der Kunden:
Kunden sind immer *häufiger bereit*, die Marke bzw. den Anbieter *zu wechseln*. So konnte eine Studie belegen, dass beispielsweise besonders in der Altersgruppe zwischen zwischen 20 und 40 Jahren die Bank häufiger gewechselt wird als in anderen Altersgruppen.[2] Sättigungstendenzen in vielen Märkten *erschweren* zudem die *Gewinnung neuer Kunden*. Zunehmende Kooperationen und Fusionen führen zu *Abnehmerkonzentrationen*, wodurch Einzelkunden an Bedeutung gewinnen (z.B. Einzelhandel). *Steigende Ansprüche der Kunden* und ein als *erhöht wahrgenommenes Risiko bei der Kaufentscheidung* aufgrund komplexer, schwer beurteilbarer Leistungen verlangen einen Beziehungsrahmen, in dem sowohl aktuelle als auch latente Bedürfnisse aufgedeckt und Kaufunsicherheiten reduziert werden. Eine *Integration des Kunden* in Leistungsentwicklungs- und/oder -erstellungsprozesse (Prosuming) erfordert ebenfalls spezifische Vereinbarungen über Kommunikation und Zusammenarbeit.

Veränderte Leistungsanforderungen:
Komplexe kundenspezifische Leistungen sind mit zeitintensiven Verkaufsprozessen und notwendigen Dienstleistungen verbunden. Diese Veränderungen erfordern daher einen regelmässigen Kontakt zwischen den Marktpartnern, einen kontinuierlichen und umfassenden Informationsaustausch und eine individuelle Ansprache einzelner Kunden(-segmente). *Austauschbare Leistungen* erleichtern den Kundenwechsel. So hat mittlerweile ein durchschnittlicher Bankkunde ein Portfolio von 14 Produkten bei insgesamt 7 Finanzdienstleistern inkl. Versicherungsgesellschaften.[3] Andererseits fördern *beratungsbedürftige Leistungen* besonders persönliche Bindungen. Bei automatisierten Dienstleistungen fehlt hingegen der «personal touch». Die Kunden wechseln leichter von einer Internet-Seite oder einem Geldautomaten als von einem Kundenbetreuer, den sie gut kennen.[4]

Verändertes Verhalten der Wettbewerber:
Viele Branchen sind durch eine *hohe Wettbewerbsintensität* (neue, ausländische und/oder branchenfremde Wettbewerber) geprägt, bei der echte Wettbewerbsvorteile oft nur von kurzer Dauer sind. Durch die Bindung von Kunden an ein Unternehmen kann eine Quasi-Monopolstellung aufgebaut werden.

1.1.2 Wirkungseffekte der Kundenbindung

Art und Stärke der Kundenbindung haben grossen Einfluss auf die ökonomischen Gesamtziele eines Unternehmens. Oft werden allerdings nur die positiven Wirkungen *auf den Anbieter* dargestellt. Ihre Existenz ist aber in erster Linie von der Höhe des Nutzens abhängig, den ein *Kunde* durch seine Bindung an einen Anbieter erzielt (Kostensenkungen, Zeitersparnisse, Umsatzsteigerung, Risikominimierung etc.).
Bindungen erzeugen zudem auch Abhängigkeiten, die letztlich zu Inflexibilität des Anbieters und/oder des Kunden führen können. Deshalb

sind sowohl Chancen als auch Gefahren der Kundenbindung zu beachten, die hier kurz dargestellt werden. *Positive Wirkungseffekte* sind:[5]

- Genaue und aktuelle Kundeninformationen
Regelmässige, zufriedenstellende Wiederholungskäufe erzeugen Gewohnheitsentscheidungen. Die Leistungen sind dem Kunden bekannt; er sucht keine zusätzlichen Informationen – weder vom Anbieter noch von der Konkurrenz. Dadurch gewinnt auch der Anbieter zunehmend Kenntnisse darüber, wie er sich am besten auf seine Kunden und deren Anforderungen einstellen kann.

- Kunden werden mit der Zeit profitabler
Eine oft zitierte Studie zeigt, dass Kunden erst mit der Zeit profitabler werden (s. Abb. 3).[6] Oft bestehen Möglichkeiten, *Umsatz- und Absatzpotentiale der Stammkunden besser auszuschöpfen*. Beispielsweise können sie bisherige Leistungen öfter oder in grösseren Mengen kaufen oder zusätzliche Angebote des Anbieters nutzen (Cross Selling). Zudem ist bei Stammkunden der Preis oft nur ein wichtiges Kaufkriterium neben anderen wie z.B. pünktliche Lieferungen, korrekte Zahlungsmodalitäten, Kulanzbereitschaft. Die Rolle des Preises wird relativiert; Kunden sind weniger preissensibel.

Während so die Umsätze gesteigert werden können, *verringern sich die Kundenbetreuungskosten* mit der Dauer einer Geschäftsbeziehung. Ein Grund dafür ist, dass die Pflege loyaler Kundenpotentiale lediglich 15–20% der Aufwendungen erfordert, die das Marketing für die Gewinnung neuer Kunden einzusetzen hat; Kundenzufriedenheit bewirkt z.B. Einsparungen bei Gewährleistungs-, Produktverbesserungs- und Kommunikationskosten.[7] Spezielle Kosten der Kundenbindung aufgrund zusätzlicher kommunikativer Massnahmen, spezifischer Produktanpassung o.ä. amortisieren sich oft über den Kundenlebenszyklus. Zusammengenommen erzeugen diese Kosteneinsparungen und die zusätzlichen Einnahmen im Laufe der Kundenbeziehung einen ständig wachsenden Gewinnfluss. Eine geringe Kundenfluktuation in den frühen Phasen einer Geschäftsbeziehung erhöht entsprechend das Gewinnpotential eines Unternehmens.

- Höhere Weiterempfehlungs- und Wiederkaufsabsichten
Gebundene Kunden besitzen aufgrund ihrer guten Kenntnisse über den Anbieter und dessen Leistungen ein höheres Referenzpotential. Zufriedene Kunden sind zudem eher bereit, ihre Erfahrungen an andere, potentielle Kunden

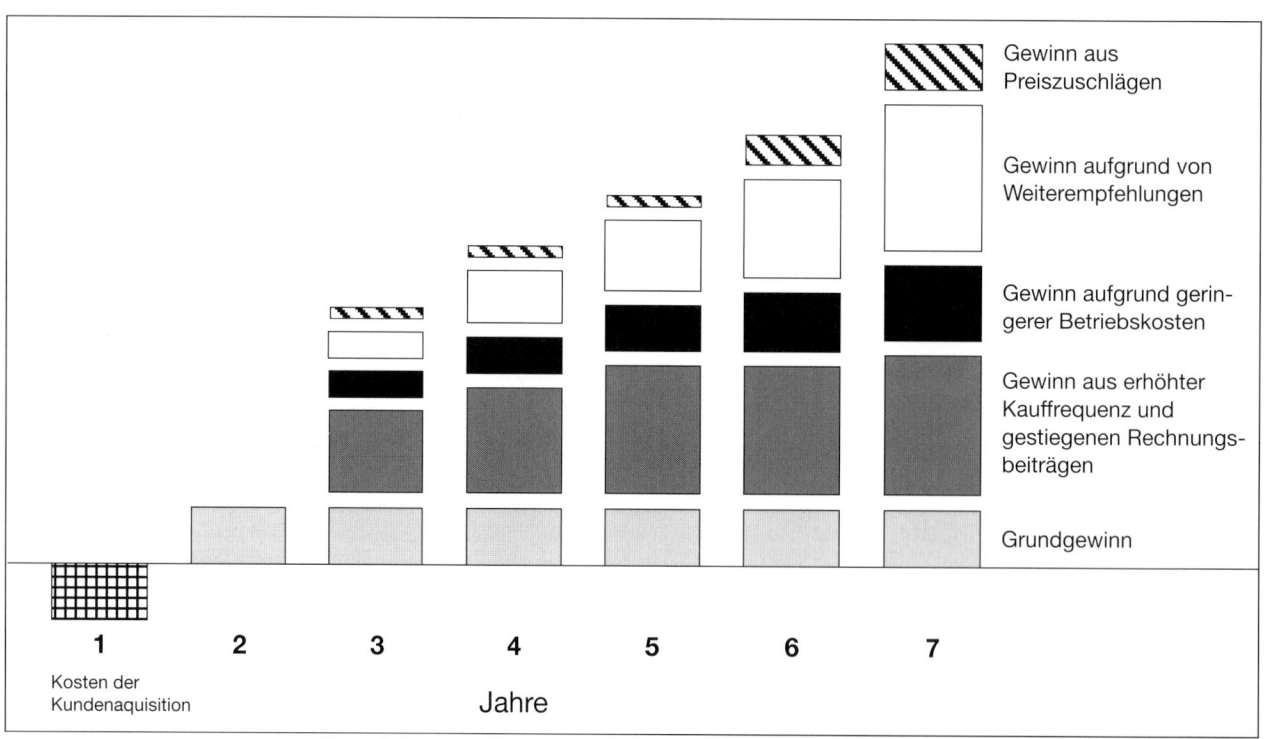

Abb. 3: Weshalb Kunden erst mit der Zeit profitabler werden. Quelle: Reichheld/Sasser 1991, S. 111.

weiterzugeben. Eine enge, positive Korrelation ergibt sich auch aus der geäusserten Wiederkaufsabsicht und der Bereitschaft zur Weiterempfehlung des Produktes an Freunde und Bekannte.[8]

– Grössere Toleranz gegenüber Fehlern
Kunden mit einer positiven Einstellung zum Unternehmen bzw. dessen Leistungen besitzen in der Regel eine höhere Toleranzschwelle gegenüber möglichen Fehlern des Anbieters oder Komplikationen in Einführungs- und Umstellungsphasen von Produkten. Als Coca-Cola 1985 seine Produktrezeptur veränderte, erhöhte sich die Zahl der Kundenanrufe von täglich 400 auf 12'000, von denen sich 90% die alte Rezeptur zurückwünschten. Bei ihrer Wiedereinführung bedankten sich 18'000 Anrufer; ein erhöhter Marktanteil war die Folge.[9]

– Kunde als aktiver Mitgestalter
Das Beispiel Coca-Cola zeigt auch, dass gebundene Kunden eine höhere *Bereitschaft zur Mitgestaltung der Beziehung* zeigen. Sobald Kunden an einem Fortbestand der Zusammenarbeit interessiert sind, werden sie selbst aktiv: Sie geben Auskunft über ihre (Un-)Zufriedenheit, entwickeln neue Ideen und Verbesserungsvorschläge oder arbeiten in Kundenforen und -arbeitskreisen mit. Dieser Feedback-Effekt wird um so stärker ausfallen, je positiver die Einstellung des Kunden ist und je mehr die Mitwirkung vom Anbieter gefördert und honoriert wird.

Abbildung 4 zeigt eine Übersicht der Marktveränderungen und die Chancen für den Anbieter.

Neben den positiven Effekten der Kundenbindung sind auch *Gefahren* zu beachten:

– Flexibilitäts- und Informationsverluste
Eine zu starke Konzentration auf bestimmte Kunden führt möglicherweise zu einseitigen Kundenstrukturen und Flexibilitätsverlusten. Neue Märkte und Marktentwicklungen werden gar nicht oder zu spät erkannt. Durch intensive Kundenintegration in die eigenen Prozesse können Abnehmer einen relevanten Einfluss auf die Geschäftsstrategie des Anbieters ausüben.[10] Besondere Bedeutung erhält dieser Aspekt, wenn diese Kunden einen geringen (zukünftigen) Kundenwert besitzen (s. 2., S. 18) und/oder schnell und problemlos den Anbieter wechseln können.

– Kundenbindung um jeden Preis
Gefahren für den Anbieter ergeben sich auch aus der Strategie einer «Kundenbindung um jeden Preis». Die Investitionen in Kundenbeziehungen rentieren sich nicht, oder Kunden nutzen das Entgegenkommen opportunistisch aus.[11]

Nachfrager	Konkurrenz
– steigende Anbieter- und Markenwechselbereitschaft – steigende Qualitätsansprüche – Prosuming – als höher wahrgenommene Risiken – Konzentration der Abnehmer	– steigende Wettbewerbsintensität – Nivellierungstendenzen der Leistungsangebote – zunehmende Kosten-Ertrags-Schere – kurzfristige Wettbewerbsvorteile

... führen zur wachsenden Bedeutung der Kundenbindung

Anbieter / intern	Leistung
– Imagegewinn – «Quasi-Monopolstellung» – Reduktion des allgemeinen Geschäftsrisikos – Erlössteigerungspotentiale – Kostensenkungspotentiale	– zunehmend kundenspezifische Leistungsangebote – abnehmende Produktlebenszyklen – komplexe, zeitaufwendige Leistungen – Zunahme der Dienstleistungen

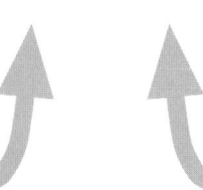

Abb. 4: Marktveränderungen und Chancen für den Anbieter.

– Vernachlässigung anderer Kunden
Des weiteren kann es vorkommen, dass andere, weniger betreute, aber *potentiell rentable Kunden sich diskriminiert* fühlen und abwandern.

– Widerstand bei Kunden
Bindungen erzeugen auch Abhängigkeiten, die – wenn sie zu stark sind bzw. empfunden werden – *Widerstand beim Kunden* erzeugen, der sich wiederum destruktiv auf die Entwicklung der Geschäftsbeziehung auswirkt.[12]
Chancen und Gefahren wirken nie isoliert, so dass die Wirkungen der Kundenbindung eine gewisse Eigendynamik erhalten (s. 2.4.).

1.2 Begriff und Wirkungsrahmen der Kundenbindung

Kundenbindung umfasst die Art und das Ausmass des Kundeninteresses, die Beziehung zu einem bestimmten Anbieter aufrechtzuerhalten oder – negativ abgegrenzt – ob und inwieweit der Kunde zu einem anderen Unternehmen wechseln kann *und* möchte. Dieser Unterschied ist wichtig:
Loyale Kunden möchten den Anbieter nicht wechseln, obwohl sie es könnten, weil sie im Idealfall sehr zufrieden sind und dem Anbieter vertrauen. Im Normalfall existieren neben diesen *psychologischen* Bindungen auch sogenannte *faktische* Bindungen, von denen sich Kunden meist nicht – oder nur mit Verlust – lösen *können*, da sie mit Belohnungen bzw. Sanktionen verbunden sind. Hierzu gehören beispielsweise ökonomische bzw. technologische und rechtliche Bindungen. Faktische und psychologische Bindungselemente beziehen sich auf das Anbieter-Nachfrager-Verhältnis bzw. auf die zwischen den Marktpartnern ausgetauschten Leistungen, Informationen und Entgelte. Im Gegensatz zu den psychologischen Bindungen verursachen faktische Bindungen vor allem (potentielle) materielle Wechselkosten. Kundenbindung berücksichtigt beide Aspekte (s. Abb. 5).

Unternehmen agieren nicht isoliert im Markt. Kunden beurteilen Anbieter und Leistungen immer in Relation zu den *bestehenden Alternativen*. Voraussetzung dafür ist mindestens eine weitere Option, d.h. dass kein Monopol existiert. Zudem muss der Kunde die alternativen Angebote kennen und beurteilen können. Ausserdem sollte seine Beurteilung letztlich zugunsten einer Alternative ausfallen. Im Extremfall wird ein Kunde trotz Unzufriedenheit und fehlender anderer Barrieren bei seinem jetzigen Anbieter bleiben, da alle Angebote der Konkurrenten einen noch geringeren Nutzen stiften. Das betreffende Unternehmen weist sich dann als ein Quasi-Alleinanbieter.

Mittels spezifischer Massnahmen will der Anbieter letztlich *Wiederholungskäufe* erreichen. Deshalb umfasst Kundenbindung das *bisherige Kaufverhalten* und die *zukünftigen* Wiederkauf*absichten* eines Kunden gegenüber einem Anbieter oder dessen Leistungen.

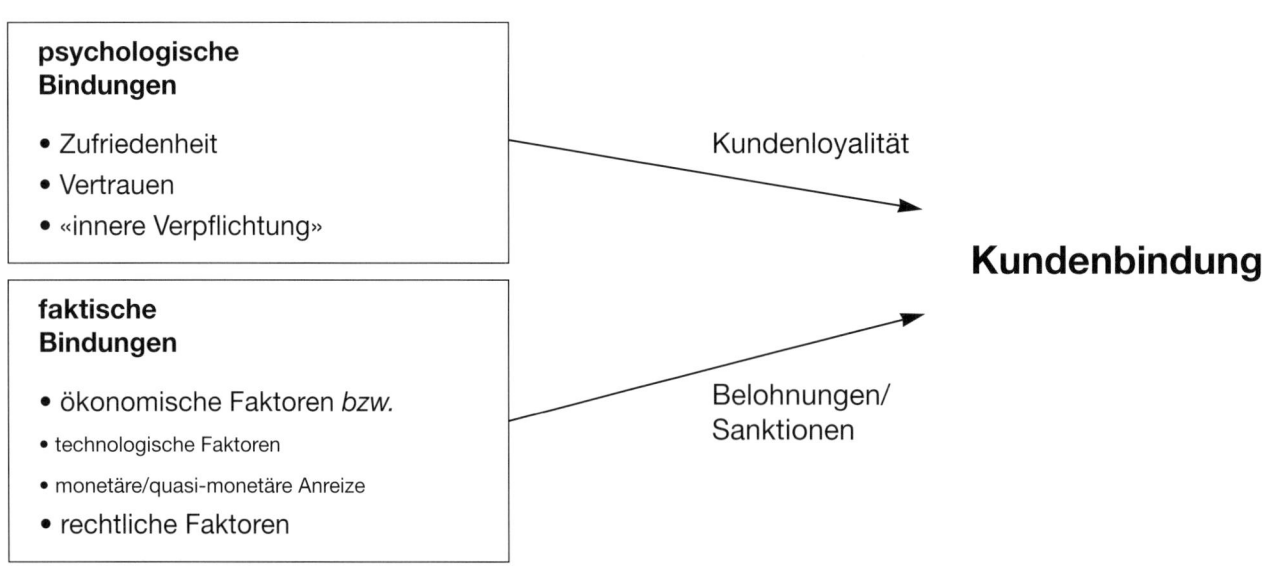

Abb. 5: Kundenbindung in der Beziehung Anbieter – Kunde.

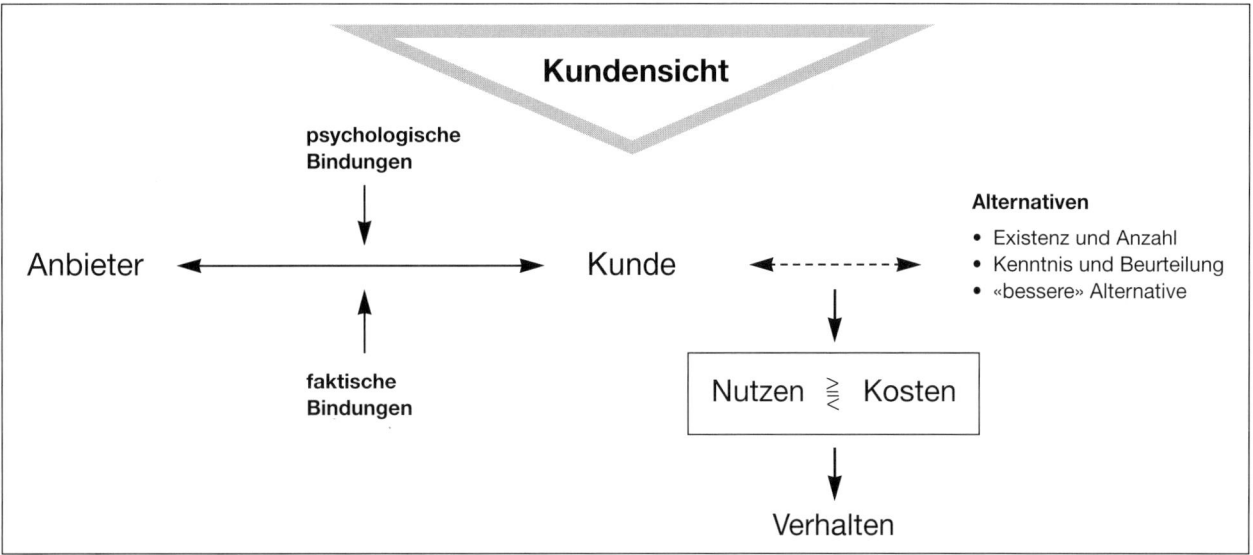

Abb. 6: Wirkungsrahmen der Kundenbindung.

Abbildung 6 gibt einen Gesamtüberblick über den Wirkungsrahmen der Kundenbindung.
Der Kunde beurteilt mehr oder weniger bewusst sowohl Kosten und Nutzen der bestehenden Beziehung in Relation mit dem Kosten-Nutzen-Verhältnis der besten Alternative. In diese Beurteilung fliessen ausserdem noch die Kosten, die ein Wechsel mit sich bringen würde. Wechselkosten sind beispielsweise:[13]
- direkt dem Wechsel *zurechenbare Kosten*, wie Such- und Informationskosten oder Kosten für den Ab- und Aufbau der alten bzw. neuen Maschinen bei Anbieterwechsel.
- *Lernkosten*, da für die Leistungen des neuen Anbieters (Anwendungs-)Know-how aufgebaut bzw. Erfahrungen gesammelt werden müssen. Hierzu gehören z.B. auch Schulungskosten für die Mitarbeiter.
- *vertragsbezogene Kosten*, z.B. Vertragsstrafen bei einer vorzeitigen Kündigung von Verträgen.
- *materielle und immaterielle Investitionen*, die speziell für die bestehende Geschäftsbeziehung getätigt wurden und bei einem Wechsel verloren gehen. Hierzu gehören Erfahrung und Zufriedenheit mit den bisherigen Leistungen wie auch Investitionen in Maschinen oder Software, die bei einem Wechsel nicht mehr eingesetzt werden können. Auch besteht kein Anspruch mehr auf Anbietervergünstigungen aus gewährten Rabattsystemen oder Treueprämien.

Wechselkosten entstehen also zum einen aus dem entgangenen Nutzen der bestehenden Beziehung, zum anderen aus zusätzlichen Kosten, die direkt beim Wechsel entstehen. Je höher diese Wechselkosten sind, desto stärker ist der Kunde an diesen Anbieter gebunden. Alle Bindungen – auch die scheinbar objektiven – unterliegen zusätzlich der subjektiven Bewertung durch die Geschäftspartner. Aus diesem Grund spielen zum Beispiel Faktoren wie die Machtverteilung zwischen den Partnern, das persönliche Risikoverhalten der Entscheider und ihre bisherigen Erfahrungen eine bedeutende Rolle.

1.3. Wirkungsebenen der Kundenbindung

Geschäftsbeziehungen sind komplex. Je intensiver die Zusammenarbeit und je grösser die Zahl der beteiligten Personen am Kauf- und Entscheidungsprozess, desto zahlreicher sind die Schnittstellen zwischen Anbieter und Kunde. Vereinfacht lassen sich drei Bindungsebenen unterscheiden:[14] Auf der *Personenebene* entstehen soziale Bindungen zwischen zwei oder mehreren Individuen (z.B. Bindung durch Vertrauen). Die *Leistungsebene* repräsentiert Bindungen infolge der ausgetauschten Leistungen und Gegenleistungen (z.B. Bindung durch Kompatibilität oder Zufriedenheit). Auf der *Organisationsebene* entstehen strukturelle Bindungen aufgrund formeller und informeller Arbeitsabläufe zur Abwicklung der Geschäfte (z.B. Bindung aufgrund eines Datenfernübertragungssystems

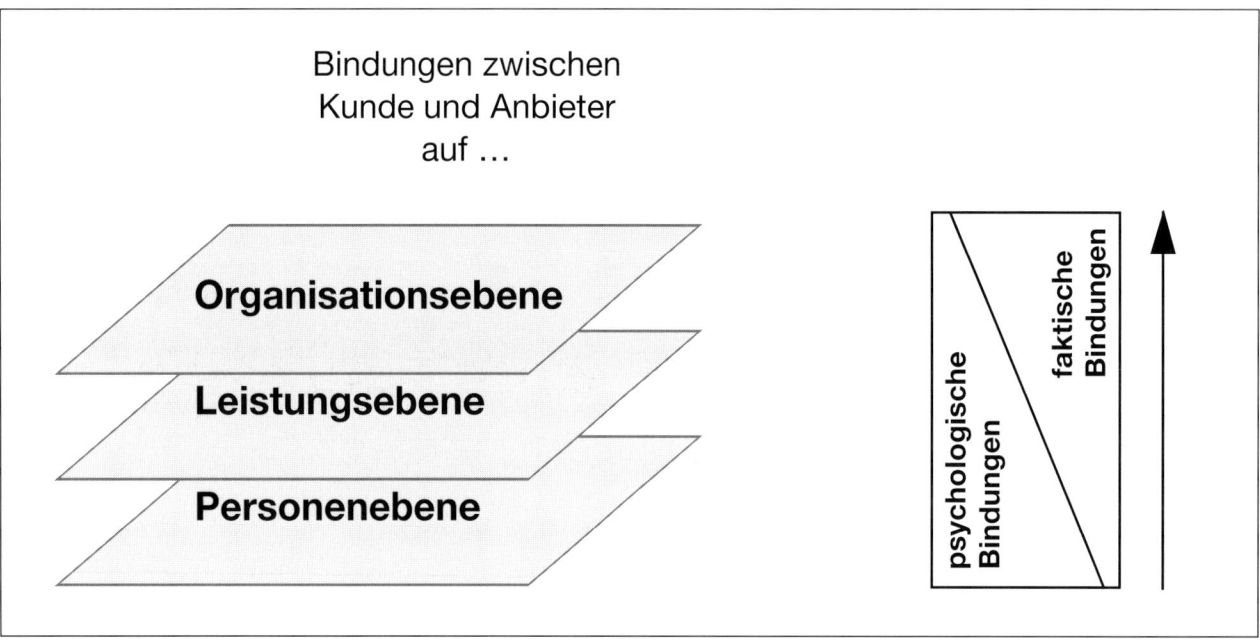

Abb. 7: Die Ebenen der Kundenbindung.

zur Beschleunigung des Datentransfers zwischen den Partnern).

Abbildung 7 zeigt die Ebenen der Kundenbindung. Während auf der persönlichen Ebene tendenziell «weiche» psychologische Faktoren wirken, sind die Bindungen auf Organisationsebene eher faktischer Natur. Auf der Leistungsebene vermischen sich beide Bindungsarten.

In der Realität existieren zahlreiche Verbindungen zwischen diesen Ebenen. Trotzdem können Unternehmen bereits durch diese vereinfachte Darstellung Bindungspotentiale oder -schwächen aufdecken.

1.4 Dynamische Betrachtung der Kundenbindung

Kundenbindung kann nicht rein statisch betrachtet werden. Dies hat zwei Ursachen: Zum einen verändert sich der Wirkungsrahmen ständig: Vergangene und aktuelle Beispiele sind die Deregulierungen in der Telekommunikations- und Luftverkehrsbranche oder der Eintritt japanischer und europäischer Konkurrenten in den US-Automobilmarkt. Zudem laufen Verträge und Patente ab (Xerox, Roche), oder Technologieentwicklungen führen zu neuen Standards (IBM).

Ein Paradebeispiel für veränderte Bindungen zwischen Anbieter und Kunde durch einen marktlichen Strukturwandel ist die IT-Branche.[15] Zu Beginn des Computerzeitalters Mitte der 60er Jahre herrschte eine starke persönliche Bindung zwischen Lieferant und Kunde. Zudem waren Hardware, Betriebssystem und Anwender-Software technologisch hochproprietär, so dass die Nachfrager jeweils an einen IT-Anbieter gebunden waren. In der zweiten Hälfte der 70er Jahre wurden Zentraleinheiten, Drucker und Platten auf der Grundlage gegebener IBM-Schnittstellen zu extrem günstigen Preisen angeboten. Während insbesondere der Markt für Grossrechner weiterhin ein proprietärer Bereich ist, sind infolge einer vermehrten Standardisierung der Systeme und Schnittstellen Kunden von Mikrorechnern nicht mehr an einen einzelnen Lieferanten gebunden. Vertrauen und Zufriedenheit mit flexiblen und individualisierten Leistungsangeboten spielen dort eine grössere Rolle als technologische Bindungen.

Die zweite Ursache liegt darin, dass die Geschäftsbeziehung zwischen Anbieter und Kunde und damit auch die Kundenbindung einer gewissen Eigendynamik unterliegt. Je mehr Kundeninformationen beispielsweise vorliegen, desto besser können die Austauschprozesse gestaltet werden. Just-in-Time-Systeme oder gemeinsame Entwicklungsteams führen wiederum zu engeren faktischen und emotionalen Bindungen, die einen weiteren Informationsaustausch erfordern. Ein gezieltes Bindungsmanagement beachtet deshalb diese unterschiedliche Bindewirkung über den Zeitverlauf, indem es vor allem die «weichen», oft erst langfristig erzielbaren Bindungen kontinuierlich intensiviert.[16]

2. DIE RICHTIGEN KUNDEN BINDEN

Unternehmen stehen in der Regel einer heterogenen Käufergruppe gegenüber, deren Ansprüche hinsichtlich Art und Ausmass stark differieren. Darüber hinaus verändert sich auch mit der Zeit das Anspruchsprofil eines einzelnen Kunden. Je genauer ein Unternehmen seine Kunden kennt, desto effektiver kann es deren Erwartungen gerecht werden. Des weiteren zeigen solche Analysen, welche Kunden es wert sind, gebunden zu werden. Gefragt ist somit eine umfassende, ganzheitliche Analyse der Kunden, die es ermöglicht, diese entsprechend ihrer Bedeutung für das Unternehmen zu bearbeiten.

2.1 Bewertungskriterien

Viele Unternehmen, die bereits Kosten und Erlöse einzelnen Kunden bzw. Kundengruppen zuordnen können, erlangen dadurch eine wertvolle Steuergrösse für weitere kundenbezogene Massnahmen.[1] Trotz der ersichtlichen Probleme in der Praxis, spezifische Kundeninformationen zu erfassen, soll der Anspruch noch erweitert werden. Im Sinne einer Kundenbeziehung als Investition ist der Kunde nicht nur reiner Erlös- und Kostenträger, sondern vielmehr Wert- und Vermögensbestandteil des Anbieters.[2] Dementsprechend darf man sich nicht nur auf *gegenwartsbezogene* Grössen (z.B. derzeitiger Umsatz, Deckungsbeitrag, Kunden- oder Lieferanteil) konzentrieren, sondern muss insbesondere *zukunftsbezogene* ökonomische und vorökonomische Bestimmungsfaktoren berücksichtigen (s. Tab. 1).[3]

Im Gegensatz zu ökonomischen Kennzahlen sind vorökonomische Grössen eher qualitativer Art und geben Auskunft über die «indirekte» ökonomische Bedeutung des Kunden für den Anbieter.

Die Fähigkeit, neue Kunden auf der Basis positiver Weiterempfehlungen zu gewinnen *(Referenzpotential)*, ist in nahezu jeder Branche relevant, insbesondere, wenn es sich bei den Austauschgütern um sogenannte «Erfahrungs-» bzw. «Vertrauensgüter» handelt (s. 3.1.3 zum Thema Ver-

ökonomische Grössen	
Umsatzpotential (relativ)	Umsatzpotential von Kunde A in bezug zum grössten Umsatzpotential anderer Kunden
Umsatzpotential (absolut)	
Erfolgspotential (relativ)	Potential des Kundendeckungsbeitrages von Kunde A in bezug zum grössten Kundendeckungsbeitrag anderer Kunden
Erfolgspotential (absolut)	
vorökonomische Grössen	
Referenzpotential	Ausstrahlungskraft zur Akquisition neuer Kunden
Cross-Selling-Potential	Potential für die Nutzung weiterer Produkte bzw. Produktgruppen beim gleichen Anbieter
Informationspotential	Gesamtheit der verwertbaren Informationen, die einem Anbieter seitens des Kunden innerhalb eines bestimmten Zeitraumes zufliessen
Innovationspotential	Regenerationskraft im Wettbewerb und Fähigkeit, innovative Impulse an den Anbieter zu geben
Synergiepotential (v.a. Business-to-Business)	im Bereich der vertikalen Kooperation; Eingriffsmöglichkeiten des Nachfragers in die Wertschöpfungskette des Anbieters zur Erzielung von Wettbewerbsvorteilen

Tab. 1: Zukunftsbezogene ökonomische und vorökonomische Grössen zur Ermittlung des Kundenwerts (Beispiele).

trauen). Zahlreiche Studien zeigen, dass zufriedene Kunden «die besten Verkäufer» sind, aber auch, dass negative Erlebnisse intensiver kommuniziert werden.[4] Referenzträger sind überdurchschnittlich zufriedene Kunden, die bereit und in der Lage sind, glaubwürdig und intensiv ihre Erfahrungen zu kommunizieren. Der Referenzwert ist zudem abhängig von der Quantität und Qualität der potentiellen Empfänger, das heisst von denjenigen, an die der betreffende Kunde seine Erfahrungen weitergibt.[5]

Das *Cross-Selling-Potential* zeigt, ob das Kundenpotential besser ausgeschöpft werden kann. Damit steht Cross Selling für eine Intensivierung der Kundenbeziehung und letztlich auch für eine stärkere Kundenbindung. Durch den Einsatz verschiedener Verfahren ist zu prüfen, ob und welche Synergien zwischen den einzelnen Leistungen bestehen und in welcher zeitlichen Abfolge zusätzliche Käufe sinnvoll sind.[6] Gleichzeitig sollte geklärt werden, ob diese weiteren Leistungen bereits von der Konkurrenz bezogen werden und wenn ja, warum.

Potentieller Umfang und Qualität der Informationen über Kunden in Form von Beschwerden und Produktverbesserungsvorschlägen, aber auch Informationen zur Entwicklung neuer Leistungen oder zur Verbesserung interner Prozesse bestimmen das *Informationspotential*. Je anonymer der Markt, desto schwieriger ist es für das Unternehmen, dieses Potential stärker zu nutzen. Ansätze sind hierfür die Errichtung von Kundenfeedbacksystemen (Beschwerdemanagement, Kundenclub, Internet etc.) (s. 3.2.5, S. 45 ff.) Demgegenüber können Anbieter im Business-to-Business-Bereich infolge der engen Zusammenarbeit mit dem Kunden oft auf Art und Umfang der Informationen Einfluss ausüben und demnach auch das Potential besser einschätzen.

Synergiepotentiale bestehen vor allem im Bereich F&E, Fertigung, Logistik und Marketing. Im Sinne einer Verschiebung der Wertschöpfungskette hin zum Kunden sind diese Synergien eher dem Business-to-Business- oder Dienstleistungsbereich zuzuordnen, da hier Kunde und Anbieter oft gleichzeitig am Leistungserstellungsprozess beteiligt sind (s. 3.2.3, S. 40 ff.)

Vorökonomische Potentialgrössen lassen sich nur auf der Grundlage umfangreicher Kundendatenbanken sammeln, speichern und analysieren. Die eigentliche Schwierigkeit besteht in der Bewertung der einzelnen Kundenpotentialgrössen.

2.2 Ansätze zur Kundenbewertung

2.2.1 Ermittlung des Kundenwerts aus ökonomischen Grössen

Ökonomische Bestimmungsfaktoren des Kundenwerts lassen sich unmittelbar aus vorhandenen Daten des Marketing, Verkaufs und Rechnungswesens ableiten. Die *ABC-Analyse* dient vor allem der differenzierten Bewertung einzelner Kunden nach ihren jährlichen Umsätzen oder Deckungsbeiträgen. Sie teilt die Kunden in Kategorien ein, wie z.B. A = Schlüsselkunden, B = Normale Kunden und C = Kleinkunden.

Das *Deckungsbeitragspotential* berücksichtigt neben den Kosten und Erlösen der reinen Geschäftsabwicklung zusätzlich Vorlauf- und Nachlaufkosten sowie -erlöse (z.B. Kosten der Akquisition oder bei der Beendigung von Kundenbeziehungen).

Mittels bekannter ökonomischer Grössen kann die Berechnung des langfristigen Kundenwerts im einfachsten Fall nach folgender Formel erfolgen:[7]

> durchschnittliches Transaktionsvolumen je Kauf (Umsatz)
> x jährliche Kaufanzahl
> x durchschnittliche Dauer einer Kundenbeziehung

Ein weiteres Beispiel dafür ist das Konzept des *Customer Lifetime Value*. Es überträgt Prinzipien der Investitionsrechnung auf die Kundenbeziehung. Ein Beispiel der Berechnung eines langfristigen monetären Kundenwerts einer Kundengruppe zeigt die Abbildung 8. Dieses Modell berücksichtigt auf Basis der Kapitalwertmethode die geschätzte Kundenloyalität sowie die periodenbezogenen Einnahmen und Ausgaben treuer Kunden.

– Kundenloyalitätsmodell –						
A. Grundlage **1. Analyse der Loyalitätsrate**						
	1988	1989	1990	1991	1992	geschätzte Loyalitätsrate
Anz. der Abonnenten in Tsd.	56	54	60	61	63	
in t + 1	39 (70%)	38 (70%)	43 (71%)	42 (69%)	44 (70%)	70%
in t + 2	30 (77%)	30 (79%)	35 (81%)	34 (81%)	?	80%
in t + 3	24 (80%)	25 (83%)	27 (77%)	?	?	80%
in t + 4	19 (79%)	20 (80%)	?	?	?	80%

2. Einnahmen und Ausgaben (vereinfacht: bei allen Kunden gleich)

Einnahmen: 1. Jahr 50 Fr., 2. Jahr 55 Fr., 3. Jahr 60 Fr.
Ausgaben: 1. Jahr 48 Fr., 2. Jahr 45 Fr., 3. Jahr 45 Fr.
Diskontsatz (i): 12 %

B. Berechnung des langfristigen Kundenwertes (KW) für 1000 Neukunden in t = 0	$KW = \sum_{t=1}^{n} = c_t (1+i)^{-t}$	c_t = Einzahlungsüberschuss in Periode t i = Diskontsatz
1. Jahr: 1000 Neukunden 50'000 ./. 48'000 (1+ 0.12)$^{-1}$	KW = 1785.71 Fr.	
2. Jahr: 700 loyale Kunden [38'500 ./. 31'500 (1+ 0.12)$^{-2}$]	KW = 5580.36 Fr.	
3. Jahr: 560 loyale Kunden [33'600 ./. 25'200 (1+ 0.12)$^{-3}$]	KW = 5978.95 Fr.	

Abb. 8: Vereinfachtes Kundenloyalitätsmodell für eine Zeitschrift. Quelle: in Anlehnung an Schulz 1995, S. 234; Dwyer 1989, S. 12.

Von 56.000 Abonnenten (1988) blieben im folgenden Jahr (t + 1) 39.000 treu. In den nächsten Jahren stieg die Loyalitätsrate dieser Kunden auf 80%. Zusätzlich benötigt das Unternehmen Angaben über die Einnahmen und Ausgaben sowie den Diskontsatz (im Beispiel über drei Jahre). Der langfristige Kundenwert für 1000 Neuabonnenten wird durch Multiplikation mit der Differenz aus abgezinsten Einnahmen und Ausgaben berechnet. Im ersten Jahr ergibt sich ein Kapitalwert von Fr. 1785.71. In den folgenden Jahren werden die berechneten Loyalitätsraten (70%, 80%) sowie die entsprechenden Einnahmen und Ausgaben einbezogen. Insgesamt ergibt sich für drei Jahre ein Kapitalwert von Fr. 13'345.02.

2.2.2 Kombination ökonomischer und vorökonomischer Grössen

a) Portfoliokonzepte

Eine besondere Form der Kundenanalyse auf der Grundlage kombinierter Kriterien bieten Kundenportfolio-Analysen.[8] Analog zu Unternehmensportfolios stehen statt Strategischer Geschäftseinheiten hier Kunden bzw. Geschäftsbeziehungen im Mittelpunkt. Die gewählten Dimensionen bestehen entweder aus je einem Kriterium (einfaktorielle Dimensionierung, z.B. Deckungsbeitrag), oder es werden mehrere Kriterien zu einer Dimension verdichtet (mehrfaktorielle Dimensionierung, z.B. Kundenattraktivität; s. Abb. 9). Die Wahl der Indikatoren bestimmt den Aussagewert der Modelle. Kriterien wie zum Beispiel Umsatzvolumen, Kundendeckungsbeitrag, «share of wallet» oder Breite der Produktnutzung ermöglichen vor allem eine Bewertung der *gegenwärtigen* Beziehung. Betrachtet man jedoch Geschäftsbeziehungen als Investition, erfordert dies eine langfristige Planungsperspektive. Die Dimensionen sollten eine Aussage über die *Nachhaltigkeit* der Kundenbeziehung ermöglichen, um daraus Handlungsstrategien für das Marketing abzuleiten.[9] Die Abbildung 9 zeigt ein Portfoliomodell, in dem sämtliche Geschäftsbeziehungen positioniert werden können.[10]

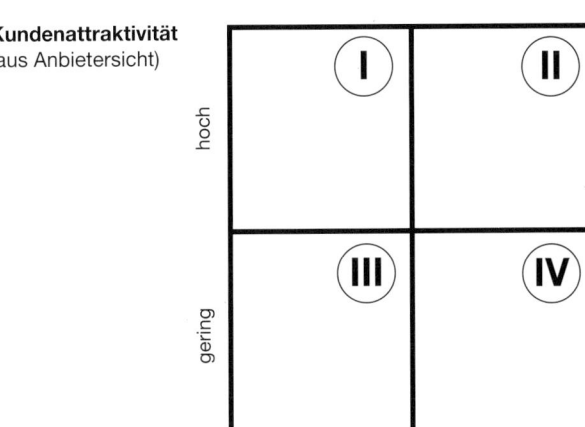

Abb. 9: Geschäftsbeziehungsportfolio. Quelle: in Anlehnung an Plinke 1989, S. 316.

Auf der senkrechten Achse wird der Wert der Geschäftsbeziehung aus Anbietersicht abgetragen. Die Kundenattraktivität setzt sich aus den ökonomischen und vorökonomischen Bewertungsgrössen zusammen, die im vorigen Abschnitt erläutert wurden. Zusätzlich können auch branchenspezifische Kriterien herangezogen werden. Weitere Beispiele sind Bonität, Reklamationsverhalten, Beratungsintensität, Serviceansprüche, Kooperationsbereitschaft, Preissensibilität etc.

Die zweite Dimension stellt den (vom Anbieter wahrgenommenen) Wert der Geschäftsbeziehung aus Nachfragersicht dar, d.h. den Grad der Affinität des Kunden zum Anbieter bzw. den Grad seiner Bindung. Sie ergibt sich aus dem direkten Vergleich zu den Angeboten des Hauptwettbewerbers sowie objektiven oder subjektiv empfundenen Wechselbarrieren (s. 1.2, S. 14 und 3.1, S. 24 ff.). Hierzu gehören auch Grössen wie Produkt- und Firmenimage beim Kunden, Lieferanteil beim Kunden, Qualität der persönlichen Beziehungen etc.

Nach der Wahl geeigneter Kriterien werden diese mit Hilfe eines Scoringmodells gewichtet und bei einzelnen Kunden(-gruppen) bewertet.

Tabelle 2 gibt eine Übersicht, welche Schlussfolgerungen sich aus der Beurteilung der einzelnen Geschäftsbeziehung ergeben können.

Eine exakte Messung beider Dimensionen ist nicht möglich. Ursache sind zum einen Probleme, die in der Regel bei zukünftigen Prognosen auftreten (fehlende Informationen, Veränderungen der ökonomischen und gesellschaftlichen Rahmendaten etc.). Zum anderen setzt dies voraus, dass die einzelnen Indikatoren erfasst, gemessen sowie in Relation zueinander und pro Kunde(-nsegment) bewertet werden können. Während das bei den Indikatoren der Kundenattraktivität noch bedingt möglich ist, bereitet die Bewertung der subjektiven Wechselbarrieren aus Kundensicht noch grössere Schwierigkeiten.

Quadrant I hohe Kundenattraktivität geringe Bindung	• Wettbewerbsvorteile schaffen bzw. erhöhen • Wechselbarrieren erhöhen
Quadrant II hohe Kundenattraktivität hohe Bindung	• Investitionen sinnvoll und gerechtfertigt • Geschäftsbeziehung weiter vertiefen
Quadrant III geringe Kundenattraktivität geringe Bindung	• uninteressant für eine Geschäftsbeziehung, reines Transaktionsmarketing • Keine Kundenbindungsaktivitäten
Quadrant IV geringe Kundenattraktivität hohe Bindung	• kontinuierlich beobachten und ggf. Attraktivität des Kunden erhöhen (z.B. durch gemeinsame Entwicklung neuer Leistungen) • sonst: keine Kundenbindungsaktivitäten

Tab. 2: Normstrategien für Investitionen in Geschäftsbeziehungen.

b) Modell des Beziehungslebenszyklus

Beziehungslebenszyklen sind idealtypische Muster der Bildung, Entwicklung, Erhaltung und Auflösung von Geschäftsbeziehungen.[11] Sie sind ein nützliches Analyseraster für die phasengerechte Gestaltung der Kundenbeziehung.

Abbildung 10 zeigt einen sehr differenzierten Beziehungslebenszyklus und charakterisiert die einzelnen Phasen.

Das Konzept ermöglicht eine Kundenanalyse aus einem anderen Betrachtungswinkel. Kunden mit gleicher Attraktivität für den Anbieter können sich beispielsweise in unterschiedlichen Beziehungsphasen befinden. Demzufolge unterscheiden sich möglicherweise ihre Erfahrungen und damit ihre Erwartungen sowohl an den Anbieter und dessen Leistungen als auch an die Geschäftsbeziehung.[12] Weiterhin können mit Hilfe des Modells erfolgreiche Kundenbeziehungen zurückverfolgt werden, um Erfolgsindikatoren auch auf andere Kunden zu übertragen.

Die Art der Bindungsmechanismen bestimmt ausserdem, auf welche Phasen der Anbieter seine Tätigkeiten konzentrieren muss. Faktische Bindungen, die potentielle, hohe Austritts- bzw. Wechselkosten implizieren (langjährige Verträge, Nutzung eines bestimmten technologischen Standards), verlangen eine intensive Kundenbearbeitung zu Beginn der Beziehung. Psychologische Bindungen (wie Vertrauen, Kundenzufriedenheit) können insbesondere durch Kontinuität aufgebaut werden. Allerdings sollte berücksichtigt werden, dass in der Regel verschiedene Bindungen gleichzeitig wirken und sich auch faktische Bindungen z.B. durch externe Einflüsse (neues Angebot der Konkurrenz) auflösen können.

Wie in jedem Lebenszykluskonzept sind die Anzahl der Phasen und deren Abgrenzung sowie die Wahl der charakterisierenden Merkmale eher willkürlich. Demnach handelt es sich nicht um ein deterministisches Konzept; einzelne Phasen müssen nicht bzw. nicht in der Art durchlaufen werden. Auch unterscheiden sich die Länge der Lebenszyklen je nach Branche, Unternehmenstyp etc.

c) Scoringmodelle

Scoringmodelle unterstützen die Kundenbewertung, wenn dabei eine grössere Anzahl qualitativer und quantitativer Merkmale einbezogen werden sollen. Neben monetären Grössen und Referenz-, Cross Selling- oder Informationswerten werden zusätzlich kaufverhaltensrelevante Merkmale (z.B. Kaufhäufigkeit) berücksichtigt. Die Bewertung erfolgt mit Hilfe von Punkten, die dann insgesamt zu einem Kundenpunktwert verdichtet werden. Je höher dieser Wert, desto wertvoller ist der Kunde für den Anbieter.[13]

In der praxisbezogenen Literatur gehört das sogenannte RFM-Modell (*R*ecency of last purcha-

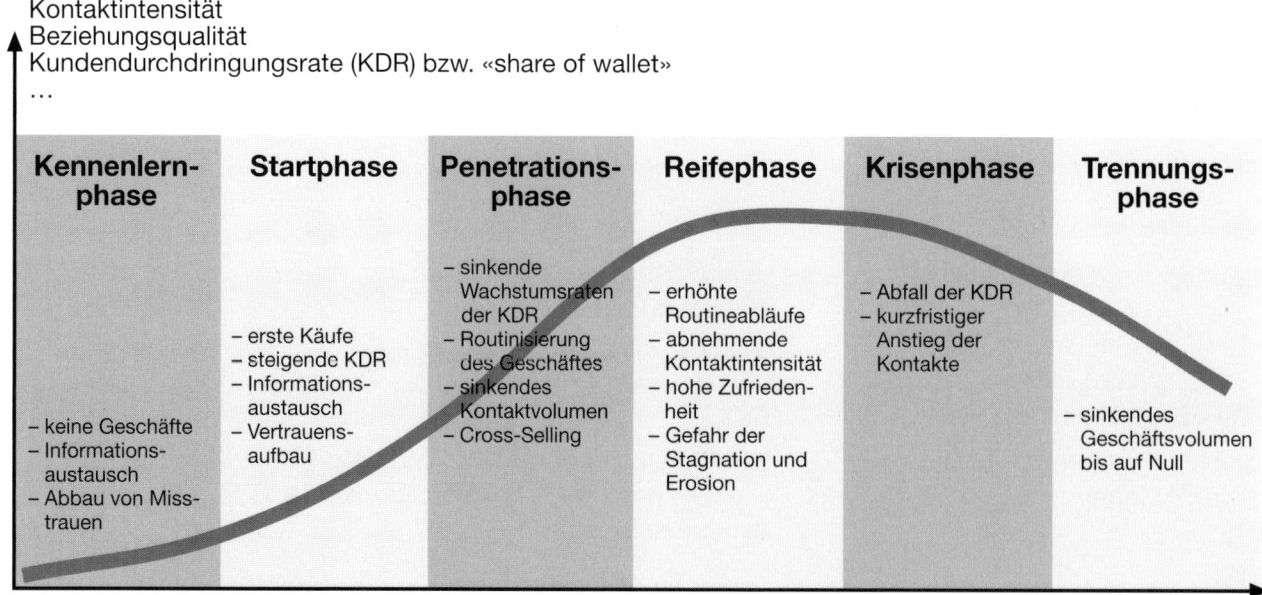

Abb. 10: Modell des Beziehungslebenszyklus. Quelle: in Anlehnung an Diller 1995b, S. 57 ff.

se, *F*requency of last purchase, *M*onetary Value of the purchase)[14] zu den am häufigsten genannten Ansätzen.

Tabelle 3 zeigt beispielhaft ein RFM-Modell bei einem Versandhändler. Ausgangspunkt ist der bewertete monetäre Kundenerfolgswert («monetary»). Je grösser die Zeitspanne seit dem letzten Kauf, desto geringer ist der zugeordnete Punktwert («recency»). Vielbesteller werden mit einem höheren Punktwert belohnt als Einmalkunden («frequency»). Anfallende Kosten durch Mail- oder Katalogsendungen werden punktemässig abgezogen.

Scoringmodelle dienen – genau wie die Portfolio- und Lebenszyklusanalysen – nur der Entscheidungs*hilfe*, da der gesamte Bewertungsprozess einer stark subjektiven Einschätzung unterliegt.[15]

Faktoren						
Startwert	25 Punkte					
Letztes Kaufdatum	bis 6 Mon. + 40 Pkt.	bis 9 Mon. + 25 Pkt.	bis 12 Mon. + 15 Pkt.	bis 18 Mon. + 5 Pkt.	bis 24 Mon. - 5 Pkt.	früher - 15 Pkt.
Häufigkeit der Käufe in den letzten Monaten	Zahl der Aufträge multipliziert mit dem Faktor 6					
Durchschnittlicher Umsatz der letzten 3 Käufe	bis 50 Fr. + 5 Pkt.	bis 100 Fr. + 15 Pkt.	bis 200 Fr. + 25 Pkt.	bis 300 Fr. + 35 Pkt.	bis 400 Fr. + 40 Pkt.	über 400 Fr. + 45 Pkt.
Anzahl Retouren (kumuliert)	0 – 1 0 Pkt.	2 – 3 - 5 Pkt.	4 – 6 - 10 Pkt.	7 – 10 - 20 Pkt.	11 – 15 - 30 Pkt.	über 15 - 40 Pkt.
Zahl der Werbesendungen seit letztem Kauf	Hauptkatalog je - 12 Punkte		Sonderkatalog je - 6 Punkte		Mailing je - 2 Punkte	

Tab. 3: Beispiel eines Berechnungsschemas der RFM-Methode. Quelle: Link/Hildebrand 1993, S. 49.

3. DIE KUNDEN RICHTIG BINDEN

3.1 Wechselbarrieren innerhalb von Geschäftsbeziehungen

3.1.1 Faktische Bindungen

Kunden können sich aus faktischen Bindungen meist nicht – oder nur mit Verlust – lösen. Wenn dies vornehmlich aus monetären Gründen geschieht, handelt es sich um ökonomische Bindungen. Hierzu gehören auch technologische Bindungen, z.B. aufgrund einer spezifischen Investition in eine bestimmte Systemarchitektur. Weiterhin existieren rechtliche Bindungen, die insbesondere durch Verträge zwischen den Partnern entstehen.

Vor allem faktische Bindungen erhöhen die Wechselkosten, da sie beim Wechsel (verlorene) «Belohnungen» oder Sanktionen zur Folge haben. Zum einen sind sie oft Voraussetzung, um eine Geschäftsbeziehung zu etablieren oder zu optimieren; Beispiele dafür sind Just-in-time-Systeme, Datenübertragungssysteme, Versicherungsvertrag. Zum anderen wachsen die Bindungen erst im Laufe der Geschäftsbeziehung, z.B. Beschaffung kompatibler Ersatz- bzw. Zubehörteile, Frequent Flyer-Programme.

a) Ökonomische Bindungen

Investitionen in Maschinen, Personal, Standorte oder in ein neues Logistiksystem, welche genau auf das Know-how und die internen Arbeitsprozesse des bisherigen Partners abgestimmt sind, aber auch der Kauf einer Hilti-Bohrmaschine oder eines Gillette-Rasierapparates, erschweren den zukünftigen Anbieterwechsel. Ursache dafür ist, dass das bisher Erworbene dann nicht oder nur zum Teil weitergenutzt werden kann. *Technologische Bindungen* – als Spezialfall ökonomischer Bindungen – entstehen infolge der Verwendung nahezu proprietärer Techikstandards; zum Beispiel sind für den Betrieb der Hilti-Bohrmaschinen spezielle Bohrer notwendig. Der erfolgreiche Einsatz von Systemtechnologien in Unternehmen setzt kompatible Produkte und Produktgruppen voraus.[1]

Diese Kompatibilität hat zur Folge, dass Kunden wiederholt kaufen und zusätzliche Leistungen erwerben; sie sind an den Anbieter gebunden. Abbildung 11 zeigt Beispiele technologischer Kundenbindung.

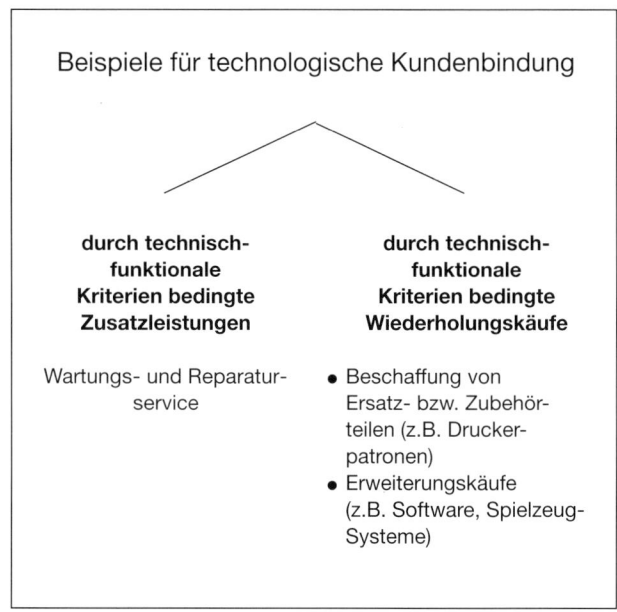

Abb. 11: Beispiele für technologische Kundenbindung.

Technologische Bindungen können also dazu führen, dass gerade in den daraus resultierenden Wiederholungskäufen das «eigentliche Geschäft» besteht. Ein weiteres Beispiel ist «Accu-Call»: Mittels spezieller Sensoren, die auf dem Boden und den Begrenzungslinien des Tennisplatzes angebracht sind, können gültige und ungültige Bälle während eines Spiels identifiziert werden. Die Installationskosten betragen nur etwa 5000 Dollar. Den eigentlichen Gewinn erzielt der Hersteller durch den Verkauf der Tennisbälle, die Metallfasern enthalten und somit den Kontakt zu den Sensoren herstellen.[2]

Neben diesen Bindungen auf Leistungsebene entstehen technologische Bindungen im Business-to-Business-Bereich ebenfalls auf der Organisationsebene aufgrund neuer Gestaltungsmöglichkeiten der Geschäftsprozesse (durch Electronic Data Interchange, verteilte Datenbanken etc.). Aber Online-Banking oder virtuelle Reisebüros zeigen aktuelle Veränderungen auch im Endkundengeschäft.

Auf den ersten Blick erscheinen diese faktischen Bindungen ideal, um Kunden möglichst lange zu halten. Gerade hier ist aber besondere Vorsicht geboten. Zum einen können beispielsweise technologische Entwicklungen die Marktstrukturen derart verändern, dass sich starke faktische Bindungen binnen kurzer Zeit auflösen (s. dynamische Kundenbindung, 1.4). Zum anderen beurteilen die Kunden immer ein Preis-/Leistungsverhältnis, und in dem Preis ist die empfundene Abhängigkeit über den Zeitverlauf zusätzlich enthalten (s. Abb. 6, S. 15 zum Bewertungsprozess).

Nachfrager von Systemtechnologien gehen Bindungen ein, weil sie grosse Rationalisierungspotentiale erkennen, d.h. der höhere Nutzen muss erkennbar sein.[3]

Je grösser die Unsicherheit über den zukünftigen Nutzen, desto eher wird der Kunde Abstand vom Kauf bzw. von weiteren Käufen nehmen. Diesen Unsicherheiten kann der Anbieter vor allem in dreifacher Hinsicht begegnen: durch Glaubwürdigkeit und Vertrauensaufbau (s. 3.1.3, S. 31 ff.), Informationen, vertragliche Absicherung sowie durch freiwillige Einschränkung seines Handlungsspielraums (Garantien, Kulanz, erfolgsabhängige Bezahlung).[4] Die letzte Strategie zeigt Umsetzungsbeispiele für die oft geäusserte Forderung einer *partnerschaftlichen* Beziehung.

Das Angebot *monetärer bzw. quasi-monetärer Anreize* (Nutzen steigern, Kosten senken) *über den Zeitverlauf* sind zentral für langfristige Geschäftsbeziehungen überhaupt. Auch bei nahezu austauschbaren Leistungen und geringen Wechselkosten ist dies oft die einzige Chance, ökonomische Bindungen aufzubauen. Beispiele hierfür sind diverse Bonusprogramme (s. 3.2.6, S. 48 ff.). Neben der Beeinflussung des Kosten-Nutzen-Verhältnisses können auch zeitabhängig die Wechselkosten erhöht werden (s. Abb. 12).

Fokus: Nutzen steigern
   Qualitätssteigerung im Laufe der Beziehung
   • zusätzliche Know-how, Erfahrungen
   • Prozessoptimierung
   • vielfältige Einsatzmöglichkeiten erworbener Leistungen (Baukastensystem)
   • zusätzlicher Service

Fokus: Kosten reduzieren
   Preisreduzierung im Laufe der Beziehung
   • Preisdegression in Abhängigkeit von der Bindungsdauer
   • Rabattsystem (freie Leistung bei x-maligem Bezug), z.B. Frequent-Flyer-Programme
   • Hohe fixe Eintrittskosten und Ermässigung der Folgekosten (Halbtax-Abo, Fitnessklubs)

Fokus: Welchselkosten erhöhen
   • Austrittsgebühren (Kontoauflösung bei der Bank)
   • Verlust von finanziellen Vorteilen bei Austritt

Abb. 12: Ansatzpunkte zum Aufbau ökonomischer Wechselbarrieren durch monetäre oder quasi-monetäre Anreize (Beispiele).

b) Rechtliche Bindungen

Verträge sind eine Form rechtlicher Bindungen. Sie regeln den Leistungs- und Informationsaustausch zwischen zwei oder mehreren Vertragspartnern innerhalb einer bestimmten Zeitdauer. Ähnlich wie bei technisch-funktionalen Kriterien kann die Kundenbindung durch vertragliche Vereinbarungen von Zusatzleistungen und Wiederholungskäufen erreicht werden. Zusätzlich lassen sich auch Sanktionen bei (vorzeitiger) Vertragsauflösung vertraglich festhalten. Abbildung 13 zeigt Beispiele für Kundenbindung durch Verträge.

Marktpartner versuchen, mittels einer formalen Festlegung bestimmter Vertragsinhalte Machtgrundlagen zu schaffen, an die sämtliche Vertragsparteien gebunden sind. Für den Kunden erwachsen daraus in der Regel sowohl Rechte (z.B. auf den Erhalt einer bestimmten Leistung) als auch Pflichten (z.B. Zahlung innerhalb einer bestimmten Frist), die – je nach Sachlage – vom jeweiligen Vertragspartner eingefordert werden können. Voraussetzung ist eine vollständige Wirksamkeit der Verträge, die wiederum von mehreren Faktoren abhängt. Hierzu gehören beispielsweise genau präzisierte Vertragsinhalte über die gesamte Vertragsdauer, ein ausgewogenes Kosten-Nutzen-Verhältnis für alle Partner und die vollständige Durchsetzbarkeit von Sanktionsansprüchen bei Vertragsverletzung.[5] Art und Ausmass der Bindung durch Verträge hängt von diesen Faktoren ab.

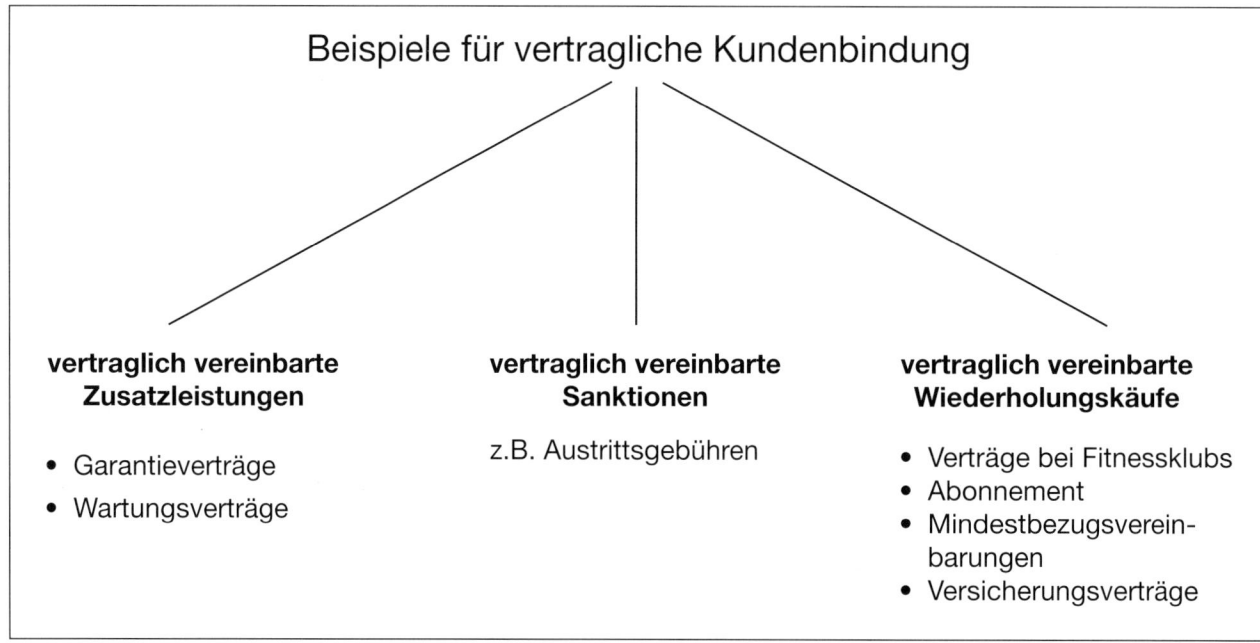

Abb. 13: Beispiele für vertragliche Kundenbindung.

Insbesondere im Investitionsgüterbereich erfüllen Verträge oft aufgrund der komplexen, zu Beginn nicht genau definierbaren Leistungen nicht oder nur zum Teil diese Anforderungen.

3.1.2 Kundenzufriedenheit

Kundenzufriedenheit ist eine wichtige Voraussetzung, um Kundenbindung aufzubauen und zu erhalten. Mehrere Studien weisen eine positive Korrelation zwischen Kundenzufriedenheit und -bindung nach.[6] Zufriedene Kunden, deren Erwartungen an die Leistung erfüllt oder übertroffen werden, sind eher bereit, den Kauf zu wiederholen bzw. an einer Geschäftsbeziehung festzuhalten.

Zwischen dieser Erkenntnis und konkreten Massnahmen zur Verwirklichung von Kundenzufriedenheit bestehen jedoch oft Diskrepanzen, die auf verschiedenen Ursachen beruhen können. Einigen Unternehmen fehlt die Problemevidenz, weil sie sich auf wenig aussagefähige Indikatoren verlassen, wie z.B. die Reklamationsquote. Geringe Reklamationszahlen bedeuten aber nicht unweigerlich eine hohe Zufriedenheit, da sich in der Regel weniger als 5% aller unzufriedenen Kunden tatsächlich beschweren.[7] Weitere Probleme bestehen in der konkreten Umsetzung von Kundenzufriedenheit: Investitionen in Kundenzufriedenheit und -bindung sind eher langfristig angelegt und Erfolge kurzfristig nicht vorzuweisen. Komplizierte Messmethoden und komplexe Zusammenhänge zwischen relevanten Einflussfaktoren erschweren zudem die Analyse von Zufrieden- bzw. Unzufriedenheitspotentialen und die direkte Erfolgskontrolle der eingeleiteten Massnahmen. Ferner können strukturelle und kulturelle Veränderungen innerhalb eines Unternehmens notwendig werden.

a) Begriff der Kundenzufriedenheit

Kundenzufriedenheit wird neben den klassischen theoretischen Konstrukten wie Einstellung, Involvement etc. herangezogen, um das Verhalten von Konsumenten näher zu erklären.[8] Sie ist das Ergebnis eines Bewertungsprozesses, bei dem die subjektiv wahrgenommenen Leistungen eines Anbieters mit den eigenen Erwartungen verglichen werden (s. Abb. 14).

Die Erwartungen entstehen über das individuelle Anspruchsniveau des Kunden in der jeweiligen Nachfragesituation und sind dynamischen Veränderungen infolge neuer Erfahrungen, Änderung des Einkommens bzw. des wirtschaftlichen oder gesellschaftlichen Umfeldes etc. unterworfen. Individuelle Merkmale eines Kunden, wie Wissen, Charakter etc., die spezifische Funktion des Käufers innerhalb eines nachfragenden Unternehmens oder der Neuigkeitsgrad des Kaufproblems sind ebenfalls Ein-

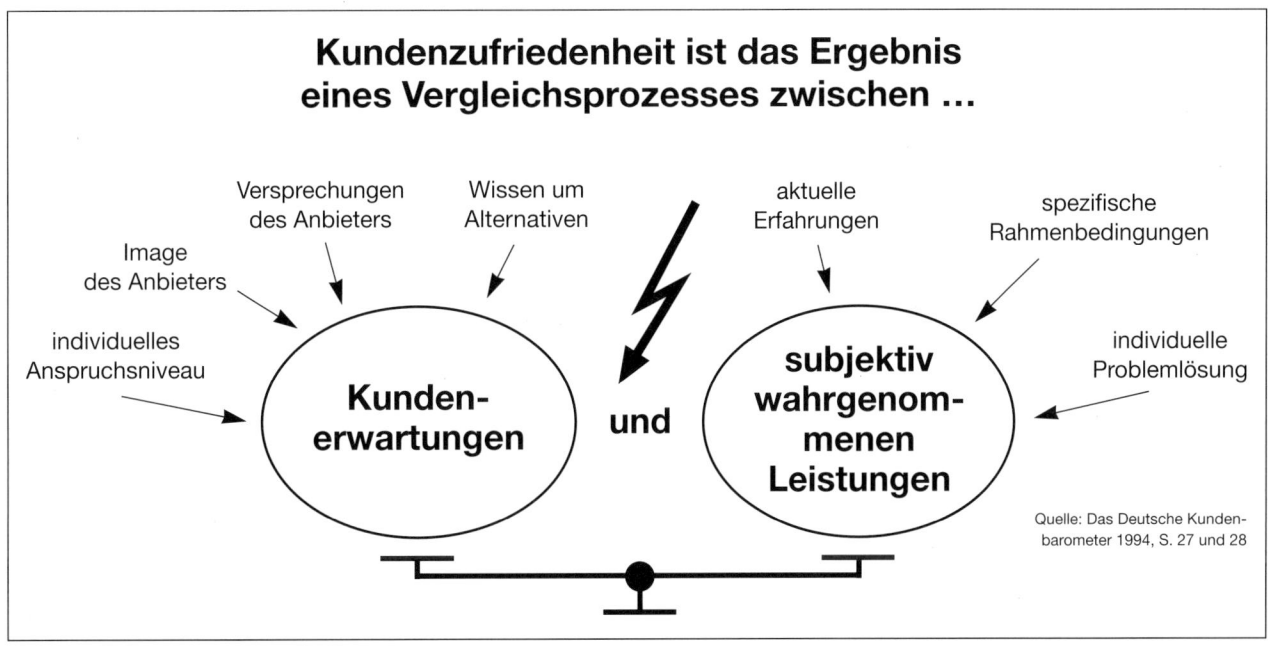

Abb. 14: Beeinflussungsfaktoren der Kundenzufriedenheit. Quelle: in Anlehnung an Meyer/Dornach 1994, S. 28.

flussfaktoren. Weiterhin können das Wissen um Alternativen sowie die Kommunikationsmassnahmen des Anbieters die Erwartungen bestimmen. Das Image eines Anbieters wirkt sowohl auf die Erwartungshaltung als auch auf die subjektive Wahrnehmung der Leistung. Letztere wird auch durch bereits vorliegende Erfahrungen und die individuelle Problemlösung beeinflusst und ist situationsabhängig.[9]
Zufriedenheit entsteht, wenn die wahrgenommene Qualität der Leistung die Erwartung eines Kunden übersteigt. Dagegen kommt es zur Herausbildung von Unzufriedenheit, wenn Leistungen unterhalb der Erwartungen liegen. Für den Fall, dass die Erwartungen der subjektiv wahrgenommenen Qualität genau entsprechen, kann bereits Zufriedenheit oder lediglich Indifferenz vorliegen.
Der enge Zusammenhang zwischen Qualität und Zufriedenheit spiegelt sich wider sowohl in den Empfehlungen zur Erhöhung der Zufriedenheit (z.B. durch Verbesserung der Angebotsqualität) als auch in den Messmethoden zur Kundenzufriedenheit (Qualitätsmessungen). Eine Qualitätsauffassung aus Kundensicht berücksichtigt materielle, leicht operationalisierbare Leistungsfaktoren (z.B. technische Ausstattung) aber auch immaterielle Komponenten wie Freundlichkeit, Kompetenz, Vertrauenswürdigkeit. Immaterielle Leistungsfaktoren, die insbesondere bei Dienstleistungen im Mittelpunkt stehen, sind jedoch – im Gegensatz zu materiellen Komponenten – nicht objektiv erfassbar und messbar. Ihre konkrete Ausprägung wird wechselseitig durch beteiligte Mitarbeiter und Kunden beeinflusst. Weiterhin ist oft eine hohe Anpassungsflexibilität und Improvisationsfähigkeit der Mitarbeiter erforderlich. Deshalb ist eine Vielzahl von Leistungsfaktoren nicht standardisierbar und die Qualität nur schwer zu garantieren.

b) Wirkung der Kundenzufriedenheit
Die Investition in Zufriedenheit ist eine zukunftsgerichtete Massnahme, die sich erst langfristig amortisiert. Das Verhältnis zwischen Kunden(-un-)zufriedenheit und Kaufverhalten zeigt Abbildung 15.
Durch Kundenzufriedenheit kann Kundenbindung erreicht werden. Die Wiederkaufrate vergrössert sich, je vertrauter und zufriedener der Kunde mit der Leistung eines Anbieters ist. Wenn zufriedene Kunden zudem bereit sind, ihre guten Erfahrungen anderen mitzuteilen («Apostel»), profitiert das Unternehmen von dieser positiven Mund-zu-Mund-Kommunikation.
Zufriedene Kunden können zu einer höheren Mitarbeiterzufriedenheit und -bindung führen. Eine niedrige Fluktuationsrate reduziert die Kosten für die Akquisition und Einarbeitung neuer Mitarbeiter.[10]

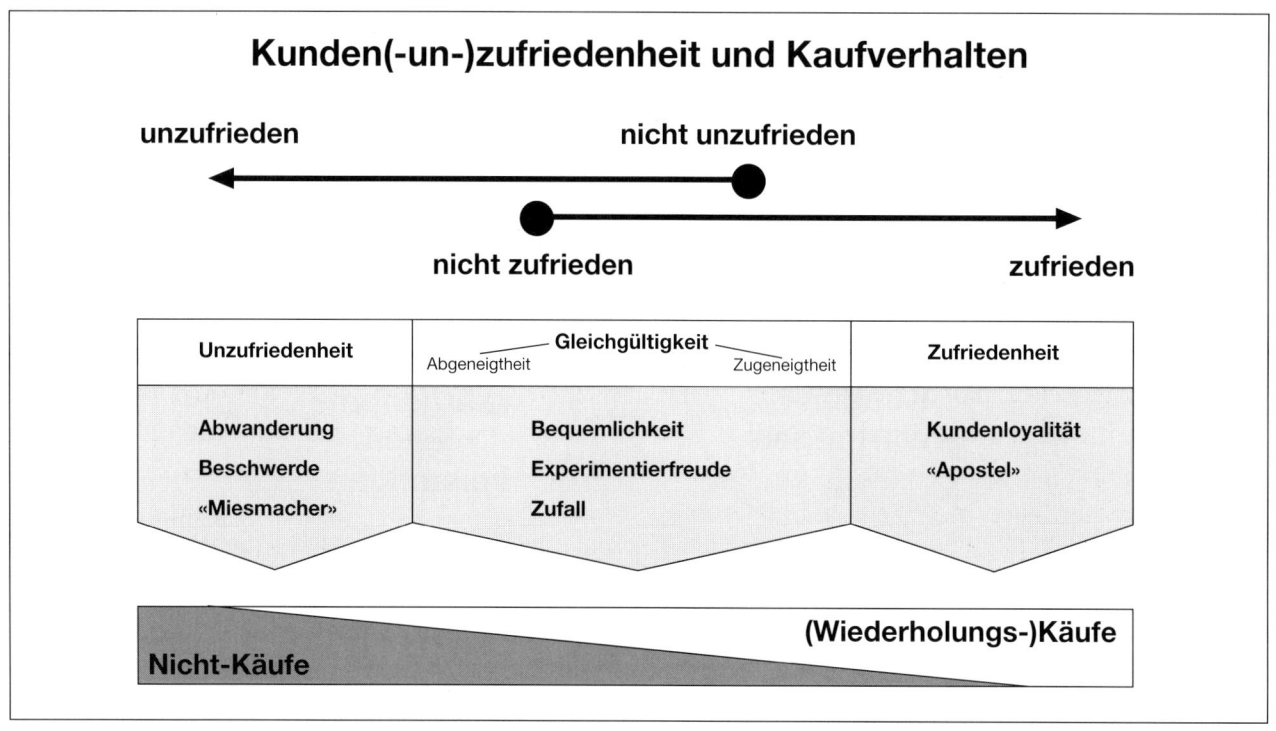

Abb. 15: Das Verhältnis zwischen Kunden(-un-)zufriedenheit und Kaufverhalten. Quelle: in Anlehnung an Heskett et al. 1994, S. 167.

Der Zusammenhang zwischen Kundenzufriedenheit und -bindung unter Berücksichtigung des wettbewerblichen Umfelds wurde empirisch untersucht.[11] Abbildung 16 zeigt die Kurvenverläufe dieser Beziehung in verschiedenen Branchen. Je höher die Wettbewerbsintensität und Käuferdominanz in den Märkten, desto bedeutender sind «sehr zufriedene» Kunden für die Erhöhung der Kundenbindung.

Zufriedene Kunden müssen demnach auch nicht zwangsläufig loyal sein (und umgekehrt).[12] Eine Untersuchung zeigt, dass 60–80% der Kunden ihre Automarke wechseln, obwohl sie zufrieden oder sogar sehr zufrieden sind.[13] Für eine Kundenabwanderung trotz Zufriedenheit scheinen vor allem vier Faktoren verantwortlich zu sein:[14]

– Intensität der Kundenzufriedenheit
In Abhängigkeit von Untersuchungsdesign und Auswertung der Daten können Messergebnisse zur Kundenzufriedenheit u.U. eine geringe Aussagekraft über die tatsächliche Zufrieden-

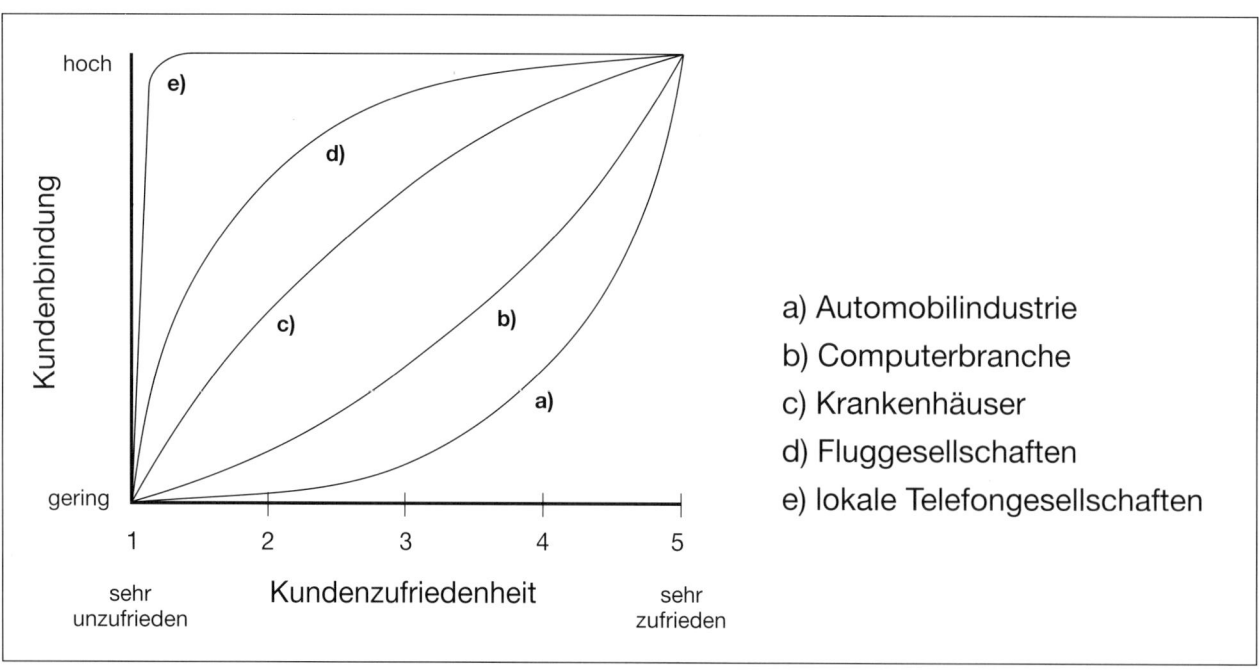

Abb. 16: Beziehung zwischen Kundenzufriedenheit und Kundenbindung in verschiedenen Märkten. Quelle: Jones/Sasser 1995, S. 91.

heit und Bindung der Befragten besitzen. Bei einem hohen prozentualen Anteil «zufriedener» und «sehr zufriedener» Kunden sehen zumindest die lediglich «zufriedenen» Käufer Verbesserungspotentiale. Ihre empfundene Wechselbarriere ist geringer als die der «sehr zufriedenen» Kunden.

– Zugehörigkeit zu einem Kundenzufriedenheitstyp mit geringen Wechselbarrieren

Zufriedenheit und Unzufriedenheit sind ein Erlebniszustand, der sich nicht nur in der Intensität (s.o.), sondern auch in seiner Qualität unterscheidet.[15] Die Kombinationen emotionaler, kognitiver und intentionaler Komponenten führen zu verschiedenen Typen der Kundenzufriedenheit. Abbildung 17 zeigt drei Zufriedenheits- und zwei Unzufriedenheitstypen mit unterschiedlich hohen Wechselbarrieren. Bei «stabil zufriedenen» Kunden sind demnach die subjektiv empfundenen Barrieren höher als bei «fordernd zufriedenen» oder «resignativ zufriedenen» Käufern.

– «Variety seeking»-Motiv

Beim Wechsel eines bekannten Anbieters besteht für den Kunden mehr oder weniger eine Unsicherheit, dass das bisherige Zufriedenheitsniveau mit einem alternativen Angebot nicht erreicht wird. Eine Reduzierung der daraus resultierenden Unsicherheit ist oft mit einer aufwendigen Informationssuche und -beurteilung verbunden. Zufriedene Kunden sind somit bestrebt, an bestehenden Geschäftsbeziehungen festzuhalten bzw. Wiederholungskäufe zu tätigen.

Diesen Sicherheitsmotiven stehen vielfältige Ursachen für Wechselneigungen oder tatsächliche Wechsel gegenüber. Ein dominierendes Motiv ist «variety seeking» als Folge des Bedürfnisses nach Abwechslung. Untersuchungen ergaben, dass dieses Motiv besonders bei bestimmten Produktkategorien und Konsumentengruppen auftritt.[16] Folgende produktbezogene Kriterien können den verstärkten Wechsel zwischen alternativen Leistungen fördern:[17]

– (objektiv oder subjektiv) hohe verfügbare Zahl an Alternativen,
– kurze Kauffrequenz,
– niedriges Produktinvolvement; als niedrig wahrgenommenes Risiko,
– als gering wahrgenommene Unterschiedlichkeit der Alternativen,
– Güter, die der sozialen Einordnung und der Selbstdarstellung dienen (Schmuck, Brillen Bekleidung, etc.), modetangierte Produkte,

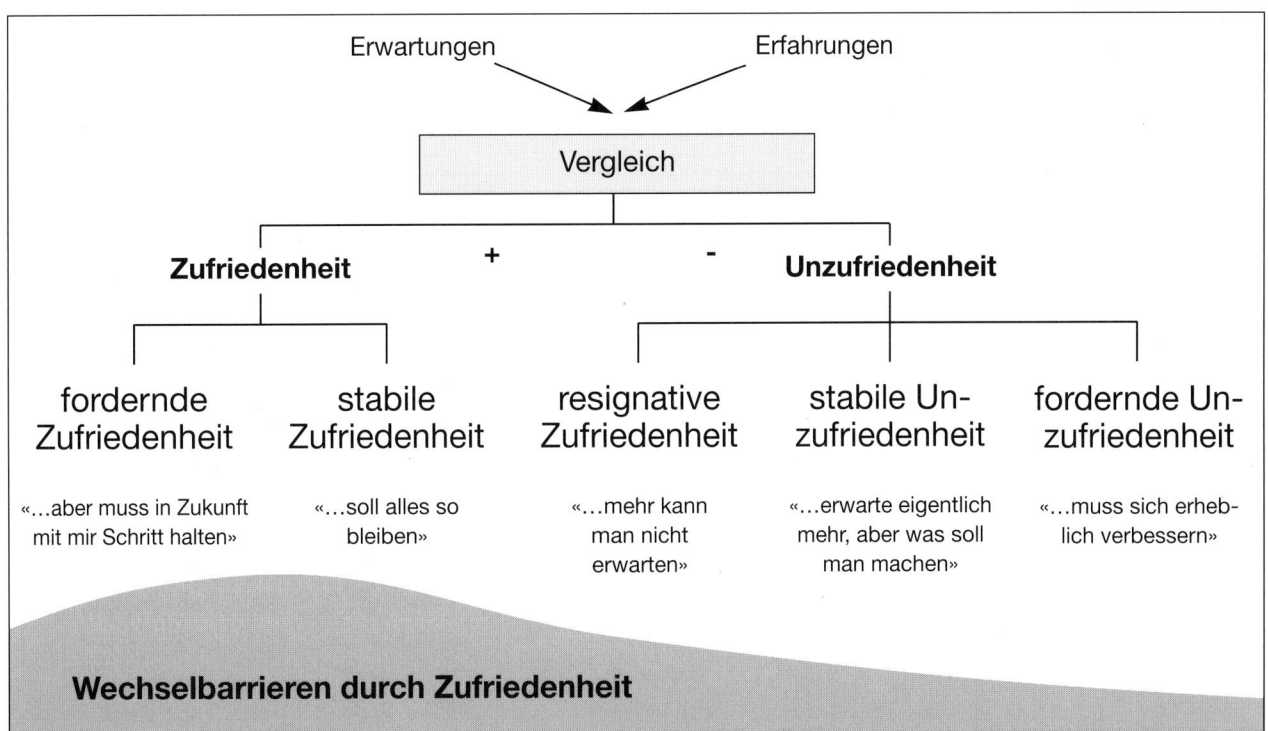

Abb. 17: Kunden(-un-)zufriedenheitstypen und deren Auswirkung auf die Höhe der subjektiv empfundenen Wechselbarrieren. Quelle: in Anlehnung an Stauss/Neuhaus 1995; Stauss 1997.

– Güter, die bei intensiver Nutzung an Bedeutung verlieren bzw. Abnutzungserscheinungen aufweisen, z.B. durch häufiges Sehen (Kleider), Riechen (Parfüm), Schmecken (Speisen und Getränke) oder Hören (Musikstück).

Weitere personenbezogene Einflussfaktoren für das «variety seeking» zeigt Abbildung 18.

– Attraktive Alternativen

Zufrieden- bzw. Unzufriedenheit entsteht aufgrund eines Vergleichs von Erwartungen mit der subjektiv wahrgenommenen Qualität. Konkurrenzangebote sind auch für zufriedene Kunden attraktiv, wenn sie mit einem entsprechenden Qualitätsversprechen deren zukünftige Erwartungen erhöhen oder bisherige Wahrnehmungen senken können. Das betrifft vor allem Kunden, deren Zufriedenheit eine geringere Intensität aufweist (s.o.) oder die zu den «fordernd zufriedenen» bzw. «resigniert zufriedenen» Kundentypen gehören (s. Abb. 17).[18]

Obwohl Kundenzufriedenheit keine hinreichende Voraussetzung für Kundenbindung darstellt, schafft sie eine wichtige Wechselbarriere. In wettbewerbsintensiven Käufermärkten bleibt sie ein oberes Ziel, welches durch weitere Bindungsdeterminanten unterstützt werden muss.

c) Gestaltung von Kundenzufriedenheit

Grundsätzlich lassen sich zwei unterschiedliche Punkte zur Erhöhung der Kundenbindung mittels Kundenzufriedenheit aufzeigen:

– Zufriedenheitsmanagement als Stärkung der Beziehung zu den zufriedenen Kunden. Hier geht es vor allem darum, das Entstehen von Unzufriedenheit vorab zu vermeiden.
– Beschwerdemanagement zur Stabilisierung gefährdeter Beziehungen zu den unzufriedenen Kunden. Hier geht es primär darum, Zufriedenheit wiederherzustellen und Kunden zu halten.[19]

Kundenzufriedenheit lässt sich nur verwirklichen, wenn nicht isolierte, zeitpunktbezogene Transaktionen, sondern die Bedürfnisse und Erwartungen der Kunden über den gesamten Zeitraum des Kaufprozesses im Mittelpunkt der Marketinganstrengungen stehen.

Kundenerwartungen im Laufe des «Buying Cycles» unterscheiden sich nicht nur zwischen den Kunden, sondern auch ein einzelner Kunde stellt an die verschiedenen Komponenten eines Leistungsbündels unterschiedliche Ansprüche. Leistungskomponenten lassen sich vereinfacht in Minimum- und Profilierungsleistungen unterteilen (Abb. 19). Kunden setzen *Minimumleistungen* als selbstverständlich voraus. Sie sind ein «Muss» für jedes Unternehmen, versprechen aber kaum Wettbewerbsvorteile, sondern führen vielmehr zur Unzufriedenheit bei Nichterfüllung (z.B. die Einhaltung vertraglicher Vereinbarungen). Werden *Profilierungsleistungen* mit hoher Ausprägung angeboten, entsteht Zufriedenheit. Liegen sie jedoch nicht vor, führt dies nicht zu

	eher niedrig	eher hoch
Alter		
jüngeres	x	
mittleres		x
höheres	x	
Grundeinstellung		
hedonistisch		x
ökologisch	x	
Bildungsstand		
niedrig	x	
hoch		x
Grundausrichtung		
Introversion	x	
Extraversion		x
Risikoaversion	x	
Risikofreude		x
Rationalität	x	
Emotionalität		x

Abb. 18: Personenmerkmale als Einflussfaktoren des Variety-seeker-Status. Quelle: Bänsch 1995, S. 350.

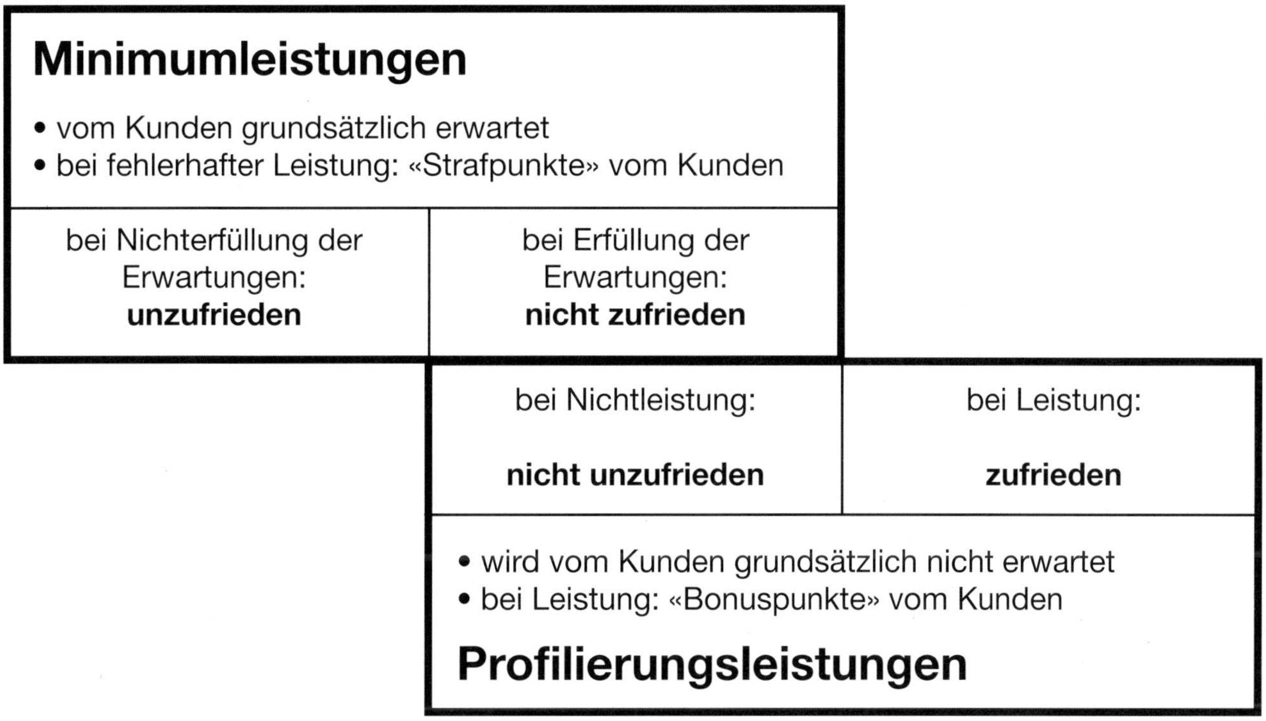

Minimumleistungen

- vom Kunden grundsätzlich erwartet
- bei fehlerhafter Leistung: «Strafpunkte» vom Kunden

bei Nichterfüllung der Erwartungen: **unzufrieden**	bei Erfüllung der Erwartungen: **nicht zufrieden**
bei Nichtleistung: **nicht unzufrieden**	bei Leistung: **zufrieden**

- wird vom Kunden grundsätzlich nicht erwartet
- bei Leistung: «Bonuspunkte» vom Kunden

Profilierungsleistungen

Abb. 19: Quellen der Kunden(-un-)zufriedenheit. Quelle: in Anlehnung an Stauss 1994, S. 243.

Unzufriedenheit (z.B. Kulanz ohne Rechtsanspruch des Kunden, eine aussergewöhnlich aufmerksame Behandlung).

In mindestens einem relevanten Faktor der Kundenzufriedenheit muss gegenüber der Konkurrenz ein dauerhafter Leistungsvorteil bestehen. Wichtige Konkurrenten sollten vor allem hinsichtlich ihres Angebots von Zusatz- und Serviceleistungen analysiert werden.

Um Kundenzufriedenheit langfristig zu steigern, sind Veränderungen im Unternehmen notwendig, die das Engagement aller Beteiligten voraussetzen. Kundenzufriedenheit ist stark von der Einstellung der Mitarbeiter abhängig. Sie sind davon zu überzeugen, bestimmte Werte und Normen zu verinnerlichen, um flexibel und effektiv auf Kunden zu reagieren. Das Management übernimmt dabei eine Vorbildfunktion. Strukturelle Veränderungen im Unternehmen verhelfen den Mitarbeitern an der Basis zu mehr Verantwortung und verbessern den internen Informationsfluss. Kundenzufriedenheit sollte auch im Vergütungssystem des Unternehmens ein Leistungsmassstab sein. Der Aufbau des Kommunikationsnetzes muss eine frühe Problemerkennung und eine schnelle Problemlösung ermöglichen.

Kontinuierliche und vergleichbare Messungen sind erforderlich, um Schwachstellen zu erkennen und den Erfolg getroffener Massnahmen zu kontrollieren. Die Erfassung von Ist- und Soll-Zufriedenheitswerten bei den relevanten Kundengruppen bietet die Grundlage zur Formulierung konkreter Zufriedenheitsziele. Zum einen enthalten diese den Grad und Zeitraum der anzustrebenden Zufriedenheit, zum anderen werden Standardwerte für Teilleistungen des Angebotsbündels festgelegt (z.B. Wartezeit an der Kasse, Lieferzeit eines Pakets).[20] Standards sind so zu definieren, dass sie auch erfüllt bzw. sogar übertroffen werden können, um sogenannte «Aha-Effekte» zu erreichen.[21] Die bisher genannten Aspekte zur Gestaltung von Kundenzufriedenheit zielen darauf, im voraus Leistungen entsprechend zu konzipieren, die Kunden zufrieden stimmen. Durch ein *aktives Beschwerdemanagement* besteht die Möglichkeit, unzufriedene Kunden *nach* der Leistungserbringung zufriedenzustellen (s. 3.2.4, S. 42 ff.).

3.1.3 Vertrauen

a) Begriff und Wirkung von Vertrauen

Jede Kaufsituation birgt ein gewisses «Risiko einer Fehlentscheidung». Die Höhe des wahrgenommenen Risikos wird durch zwei Aspekte beeinflusst:

- von dem empfundenen *Ausmass* der Wahrscheinlichkeit über das Eintreten negativer Folgen des Kaufes und
- von der empfundenen *Bedeutung* dieser negativen Folgen für den Kunden.[22]

Zum Beispiel besteht bei dem Kauf eines Gebrauchtwagens in der Regel eine grössere Unsicherheit bezogen auf einen potentiellen Motorschaden als beim Kauf eines Neuwagens. Das Ausmass dieser Unsicherheit kann aber auch bei verschiedenen Automarken variieren. Die Bedeutung eines Motorschadens ist wiederum davon abhängig, ob der Käufer das Auto geschäftlich oder nur privat nutzt.

Ist es dem Käufer möglich, dieses Risiko aktiv zu beeinflussen, stehen ihm grundsätzlich zwei Optionen zur Verfügung:
- aktive Einflussnahme auf die Aktivität des Anbieters (durch Verträge, Garantien etc.) und
- aktive Informationssuche und -bewertung.

Beispielsweise schliesst der Käufer eines Gebrauchtwagens einen befristeten Garantievertrag ab, damit bei etwaigen Schäden der Händler die notwendigen Reparaturen vornimmt. Für weitere Informationen wird er sich vor dem Kauf das Serviceheft zeigen lassen, einen Experten befragen, Probefahren und auch das Auto mit anderen Angeboten vergleichen.

Beide Optionen unterliegen Restriktionen, wodurch in der Regel ein gewisses Restrisiko bleibt: Auf die Unvollständigkeit von Verträgen wurde bereits hingewiesen (s. 3.1.1, S. 25 f.). Auch die umfassende Informationssuche und -bewertung hängt z.B. von der Komplexität der Kaufsituation und dem vorhandenen Zeit- und Kostenbudget ab.[23]

Vertrauen spielt insbesondere dann eine Rolle, wenn es sich bei den Austauschgütern um sogenannte «experience» bzw. «credence goods» handelt.[24] Kaufentscheidende Eigenschaften dieser Leistungen lassen sich entweder nur nach dem Kauf oder überhaupt nicht vom Kunden kontrollieren und beurteilen. Die Palette dieser Leistungen ist sehr breit. Sie reicht von Lebensmitteln aus ökologischem Anbau über bestimmte Arzt- oder Versicherungsleistungen bis zum Kauf einer Spezialmaschine.

Vertrauen impliziert spezifische Erwartungen bezogen auf
- die *Kompetenz* eines Anbieters, dass dieser seine Leistungen verlässlich und effektiv erbringt und
- seine *zukünftigen Handlungen*, das heisst, dass dieser sich bei neuen, unvorhergesehenen Situationen nicht opportunistisch verhält.[25]

Vertrauen betrifft immer jene Sachverhalte, zu denen dem Kunden (noch) keine ausreichenden Informationen vorliegen. Auf der Kundenseite führt dies dazu, dass sein Vertrauen die Marktleistung desjenigen Anbieters hervorhebt, zu dem bereits ein Vertrauensverhältnis besteht. Zum anderen kann der Anbieter auch seine internen Prozesse besser planen, da Kaufentscheidungsprozesse für ihn nachvollziehbarer werden. Aufwendige und somit teure Informationen können zeit- und kundengerechter bereitgestellt werden.[26] Ausgeprägtes Kundenvertrauen in langfristigen Geschäftsbeziehungen stellt eine bedeutende Wechselbarriere dar, weil die bisherigen Investitionen in Vertrauen nicht auf einen neuen Anbieter übertragbar sind und somit bei einem Wechsel verlorengehen würden.

Vertrauen basiert auf Erfahrungen und äussert sich in spezifischen Erwartungen bezüglich des zukünftigen Anbieterverhaltens. Werden diese vertrauensbezogenen Erwartungen erfüllt oder übertroffen, stabilisiert bzw. erhöht es sich.[27]

Im Gegensatz zu einem sehr langsamen und sukzessiven Vertrauensaufbau kann Vertrauen sehr schnell zerstört werden. Ein aktives und systematisches Vertrauensmanagement ist erforderlich, damit Investitionen in vertrauensbildende Massnahmen auch zum Erfolg führen. Allerdings existieren sowohl in der Praxis als auch in der Literatur keine allgemeingültigen Instrumente zum Vertrauensaufbau. Im folgenden werden ausgewählte, wichtige vertrauensfördernde Massnahmen vorgestellt.

b) Vertrauensfördernde Massnahmen[28]

Referenzen nutzen:
Referenzen sind vor allem im Business-to-Business-Bereich sowie bei Dienstleistungen üblich. Sie verdeutlichen, dass der Anbieter bereits im

Rahmen früherer Geschäfte seine Vertrauenswürdigkeit unter Beweis gestellt hat. Dafür müssen sie jedoch drei Bedingungen erfüllen:
– Es muss eine grundsätzliche Ähnlichkeit zwischen dem vergangenen und dem geplanten Geschäftsabschluss bestehen:
Geeignet erscheinen hier zum Beispiel andere zufriedene Kunden oder sogenannte «Lead User».[29] Das sind Unternehmen, deren aktuelle Bedürfnisse beispielhaft für die zukünftige Entwicklung der Gesamtnachfrage eines Marktes sind.

– Der Referenzträger muss glaubwürdig sein:
Hier sind vor allem sogenannte «Meinungsführer» zu nennen, die anderen als kompetent und glaubwürdig bekannt sind und ihre Erfahrungen auch überdurchschnittlich intensiv kommunizieren.[30]

– Der Träger muss bereit sein, Auskünfte über seine Erfahrungen mit dem Anbieter zu geben:
Bei sensiblen Informationen kann die Auskunftsbereitschaft des Referenzträgers stark eingeschränkt sein. Hierfür sind gewisse Anreize (z.B. Preisnachlässe) seitens des Anbieters notwendig, ohne jedoch dadurch die Glaubwürdigkeit des Auskunftgebers zu reduzieren.

Vertrauen zielt auf Gegenseitigkeit:
Der Aufbau von Vertrauen bedingt gegenseitige vertrauensrelevante Massnahmen. Das sind vor allem Aktionen, die vom anderen eventuell erwartet, aber nicht eingefordert werden können. Auf der Anbieterseite sind das beispielsweise Kulanzleistungen, vorzeitige Informationen über relevante Veränderungen im Umfeld des Nachfragers oder über unternehmensinterne Neuerungen. Damit erwartet wiederum der Anbieter vom Kunden die «Belohnung» seines Verhaltens durch eine entsprechende Reaktion (z.B. gleichartige Informationen). Die «Politik der kleinen Schritte» ist besonders beim ersten Schritt relevant, weil der daraus resultierende Anspruch auf Gegenleistung vom anderen auch als unerwünschter Zugzwang missinterpretiert werden kann. Abbildung 20 zeigt den Prozess des spiralförmigen Vertrauensaufbaus, der verdeutlicht, dass der Anstoss von einem agierenden Partner, in der Regel vom Anbieter, kommen muss.

Zum Aufbau einer sogenannten Vertrauensspirale werden vier Schritte vorgeschlagen:[31]
Erstens: Formulierung des eigenen Interesses an einer vertrauensvollen Zusammenarbeit im Rahmen einer allgemeinen Erklärung (auf öffent-

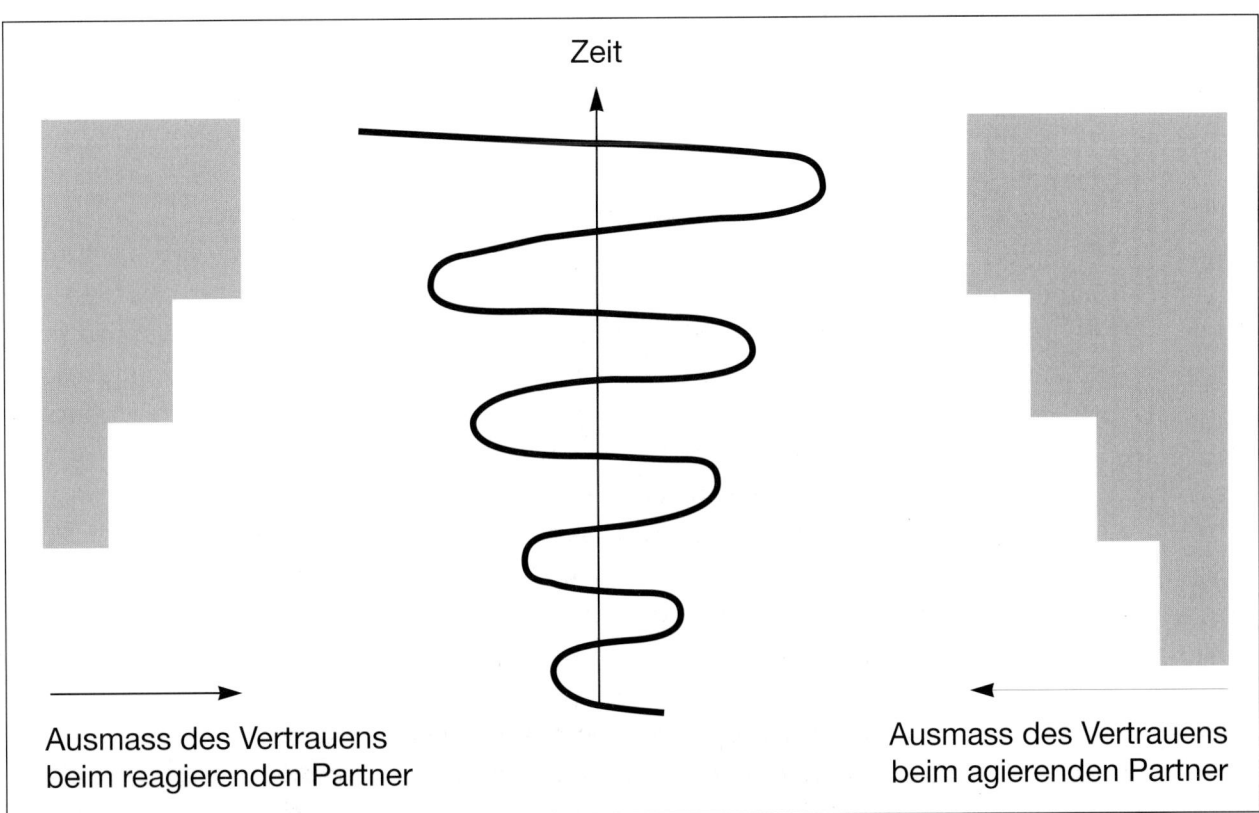

Abb. 20: Vertrauensspirale. Quelle: Plötner/Jacob 1996, S. 115.

lichen Tagungen, Kongressen, durch Werbeanzeigen),

Zweitens: Ankündigung einer konkreten Initiative, mit der die eigene Vertrauensbereitschaft demonstriert und eine bestimmte Erwartung beim Gegenüber aufgebaut wird (z.B. Kulanzbereitschaft),

Drittens: Durchführung der Initiative im Sinne des «ersten kleinen Schrittes» (z.B. konkrete Kulanzleistung),

Viertens: Einladung zur Gegenleistung.

Ähnlichkeiten schaffen:
Sozialpsychologische Studien unterstützen die Annahme, dass ein Kunde eher einem solchen Anbieter Vertrauen entgegenbringt, der ihm ähnelt.[32] Diese Ähnlichkeitsmerkmale finden sich sowohl auf individueller als auch auf organisationaler Ebene. Führungskräfte beachten diese Zusammenhänge, indem sie beispielsweise den Aussendienst entsprechend der jeweiligen Zielgruppe auswählen und schulen bzw. diesem adäquate Tätigkeitsfelder zuweisen. Ein weiteres Beispiel sind Kooperationen zwischen Grossunternehmen und Klein- und mittlerer Unternehmen (KMU), die oft gewisse organisationsstrukturelle Anpassungen verlangen, um die Grössen- und Machtunterschiede zu verringern.

An einem Kaufprozess wirkt oft nicht nur eine Person mit, sondern eine Vielzahl von Personen (Buying Center), beispielsweise verschiedene Gremien oder Familienmitglieder.[33] Eine kinderfreundliche Ausstattung der Arztpraxis kann zum Beispiel eine ähnlich positive Einstellung zu Kindern demonstrieren. Bei der Zusammenstellung des Selling Centers werden Merkmale des Buying Centers berücksichtigt (Center Matching bzw. Network Matching[34]).

Tabelle 4 zeigt Ähnlichkeitsmerkmale auf individueller und organisationaler Ebene.[35]

Selbstvertrauen forcieren:
Die Annahme, dass Selbstvertrauen eine wichtige Voraussetzung ist, um Vertrauen zu schenken, lässt sich damit begründen, dass Personen ohne Selbstvertrauen eher charakterlich labil sind und damit ihr zukünftiges Verhalten anhand bisheriger Erfahrungen nicht abgeschätzt werden kann.[36]

Deshalb sollte das Management vor allem bei der Definition der jeweiligen Aufgabenbereiche und Anreizsysteme darauf achten, wie es Selbstvertrauen bei seinen Mitarbeitern fördern kann.[37]

Kommunikation von Vertrauen:
Vertrauensrelevante Informationen und Massnahmen sind oft sehr sensibel. Im Sinne der Gegenseitigkeit sollte jede dieser Aktionen den Partner so erreichen, dass die erwartete Reaktion eintritt. Vertrauenswürdigkeit muss durch sämtliche Kommunikationsinhalte, -mittel und

Individuelle Merkmale	
	Beispiele
Statusbezogene Ähnlichkeiten	Ausbildung, Einkommen, soziale Schicht etc.
Ähnlichkeiten der äusseren Erscheinung	Aussehen, Sprache, Kleidung etc.
Lifestyle-Ähnlichkeiten	familiäre Verhältnisse, Hobbies etc.

Organisationale Merkmale	
	Beispiele
Strukturelle Ähnlichkeiten	Grösse, Rechtsform, Organisation etc.
Ähnlichkeit der Unternehmens- und Marktstrategie	Qualitäts- oder Preisführer; Kunden- oder Produktorientierung etc.
Ähnlichkeiten der Unternehmenskultur	Risikoneigung, Umgangsformen etc.

Tab. 4: Ähnlichkeitsmerkmale auf individueller und organisatorischer Ebene. Quelle: in Anlehnung an Plötner 1995, S. 155 ff.

-medien sowie die Kommunikationsatmosphäre übertragen werden. Die Palette der Überlegungen ist sehr breit; sie reicht vom Aussehen und von der Ausstattung des Aussendienstes über Wirkungseffekte bestimmter Farbtöne und Schriftzeichen bei Anzeigen sowie ihre Plazierung in seriösen Zeitungen bis zur Wahl des Restaurants für das Geschäftsessen. Die Kommunikation des Wortes «Vertrauen» sollte dabei möglichst vermieden werden, da seine Thematisierung Misstrauen hervorrufen kann.[38] Während Imagewerbung oder PR-Massnahmen eher als vertrauensbildende Vorleistungen mit breiter Streuung zu betrachten sind, können Mitarbeiter insbesondere durch Face-to-face-Kommunikation Vertrauenswürdigkeit und Kompetenz permanent demonstrieren. Der Stellenwechsel eines Mitarbeiters birgt die Gefahr, dass die vorhandene persönliche Bindung zum Kunden zerstört wird (z.B. im Anlagegeschäft bei Banken). Ein häufig wechselnder Ansprechpartner kann ebenfalls den Vertrauensaufbau behindern. Wichtig ist ein integrierter und kontinuierlicher Einsatz oben genannter Massnahmen in Abstimmung mit den klassischen Kommunikationsinstrumenten.

3.1.4 «Innere Verpflichtung» gegenüber dem Anbieter

Wiederholungskäufe aufgrund einer «freiwilligen inneren Verpflichtung» gegenüber einem Produkt, einer Person oder Anbieterorganisation geschehen nicht vordergründig, weil der Kunde Zufriedenheit empfindet, dem Anbieter vertraut oder faktisch gebunden ist. Beim Endkunden können sie z.B. aus einem moralisch-ethisch begründeten Dankbarkeitsempfinden resultieren, welches häufig auf früheres Anbieterverhalten zurückzuführen ist. Bisherige Erfahrungen und traditionelles Denken spielen hier eine bedeutende Rolle. Je rationaler die Kaufentscheidungsprozesse ablaufen, desto weniger wird diese Bindung Wiederholungskäufe beeinflussen.

3.2 Gestaltung der Kundenbindung

3.2.1 Die acht «I» der Kundenbindung

Kundenbindungsmassnahmen lassen sich unter anderem aus dem klassischen Marketing-Mix ableiten.[39] Ein solches rein instrumentelles Verständnis der Kundenbindung greift jedoch zu kurz. Die acht Bausteine der Kundenbindung veranschaulichen besser, welche Kundenphilosophie dahinterstehen muss.[40] Nach diesen sind sämtliche Instrumente und Aktivitäten – in Abhängigkeit der spezifischen Unternehmens- und Geschäftsbeziehungssituation – auszurichten (s. Abb. 21):

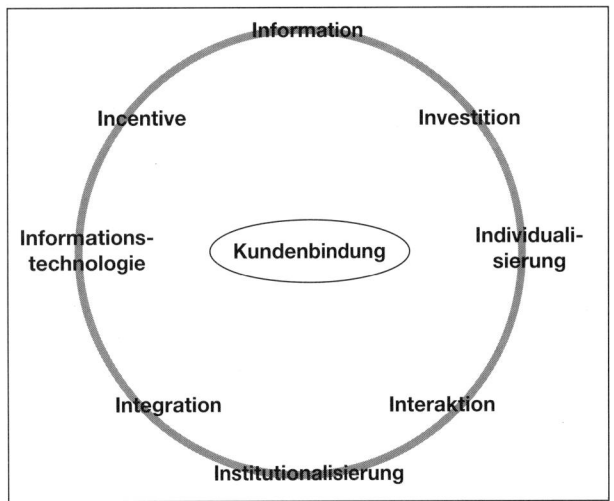

Abb. 21: Die acht «I» der Kundenbindung.

Im folgenden werden die acht «I» kurz vorgestellt.

Umfassende und aktuelle Kundeninformationen: Die *Erwartungen* der Kunden sind sehr unterschiedlich und verändern sich im Zeitablauf. Je genauer ein Unternehmen seine Kunden kennt, desto effektiver kann es deren Erwartungen gerecht werden. Ohne derartige Informationen sind weder eine persönliche, individuelle Ansprache, noch kundenspezifische Leistungen möglich.

Das *Feedback* der Kunden ist eine besonders wertvolle Informationsquelle zur ständigen Optimierung der Kundenbeziehung. Dazu dienen beispielsweise die regelmässige Messung der Kundenzufriedenheit und ein aktives Beschwerdemanagement (s. 3.2.4, S. 42 ff.). Neben klassischen Marktforschungsmethoden wie Befragung oder Beobachtung haben sich auch Kundengesprächskreise und die Zusammenarbeit mit sogenannten «Lead Usern» bewährt (s. 3.1.3, S. 33). Ebenfalls können Kundenclubs und -zeitschriften als Foren des Informationsaustausches dienen (s. 3.2.5, S. 46 ff.). Des weiteren werden Informationen über den Kundenwert sowie Kenntnisse über die eigene *Wettbewerbsposition* beim Kunden benötigt (s. 2., S. 21). Mittels einer Datenbank sollten für jeden einzelnen Kunden bzw. jedes einzelne Kundensegment all diese Informationen gespeichert werden (s. 4.3, S. 55 ff.)

Geschäftsbeziehungen als Investition:
Kundenbindung wird nur dann angestrebt, wenn sich die Investition in den Kunden lohnt, d.h., wenn die kundenbezogenen Einzahlungsströme grösser als die Auszahlungsströme sind. Dies erfordert eine langfristige Planungsperspektive sowie zusätzliche Analysemethoden (Kundenlebenszyklus, -portfoliomodelle) und die Berücksichtigung anderer Erfolgsgrössen (z.B. Customer Lifetime Value, s. 2.2, S. 19).[41]

Individuelle Kundenbetreuung:
Mittels einer individuellen Bearbeitung werden Unternehmen den unterschiedlichen Ansprüchen ihrer Kunden gerecht. Diese Individualisierung bezieht sich nicht nur auf die Kernleistung, sondern auch auf sämtliche kommunikative Massnahmen, zusätzliche Dienstleistungen und auf die Ausgestaltung der Austauschprozesse (Art und Häufigkeit der Kontakte, Zahlungs- und Liefermodalitäten etc.). Dieser Aspekt ist für die Kundenbindung besonders wichtig. Zum einen können persönliche Bindungen aufgebaut werden, die sicher zu den stärksten Bindungsmechanismen gehören.[42] Zum anderen werden einem Kunden, je individueller er betreut wird, immer weniger Alternativen zur Verfügung stehen, die ihm gleiches bieten können. Beispiele sind Bausteinsysteme, bei denen der Kunde «sein» Produkt selbst zusammenstellen kann (z.B. Glückwunschkarten am Automat, Levis-Jeans) bis zur individualisierten Leistungserstellung, bei der die Kundenvorstellungen 1:1 übernommen werden (z.B. die Produktion einer Spezialmaschine). Dienstleistungen und persönlicher Kundendienst sind besonders gut geeignet, unterschiedlichen Ansprüchen in der Nutzung der Leistungen zu entsprechen und sich dadurch von der Konkurrenz zu differenzieren. Diese Leistungen finden sich in jeder Phase des Buying Cycles (s. Überblick, S. 9). Wichtig ist ihre Kombination mit der Kernleistung: Beispielsweise binden Wartungs- und Reparaturarbeiten, die allein vom Lieferanten aufgrund eines bestimmten Know-hows oder spezieller Ersatzteile durchgeführt werden müssen, den Kunden; gleiches gilt bei Beratungs-, Schulungs- oder Entsorgungsleistungen.

Das Key Account Management ist ein klassisches Beispiel, wie eine individuelle Kundenbetreuung auch organisatorisch im Unternehmen verankert sein kann.

Regelmässige Interaktion mit den Kunden:
Das Gewinnen aktueller Kundeninformationen und eine individuelle Kundenbetreuung hängen davon ab, inwieweit Unternehmen eine aktive Mitarbeit ihrer Kunden zulassen. Interaktion bedeutet, dass *beide* Marktpartner sowohl agieren als auch reagieren können. Damit verlässt man die Sicht «passiver» Kunden, denen höchstens die Optionen 'Kauf' oder 'Nichtkauf' zur Verfügung stehen.
Im Sinne des «Buying Cycles» bleibt die Interaktion aber nicht auf die Kaufphase beschränkt (z.B. Beratung), sondern betrifft auch Vorkaufphase (z.B. Kundenforen zur Diskussion neuer Bedürfnisse und Erwartungen) und Nachkaufphase bzw. Nutzungsphase (z.B. Hotline, Beschwerdestellen). Zudem existieren phasenübergreifende Wirkungen, z.B. Geburtstagsgrüsse, gemeinsame Messebesuche, Seminare, Fachreisen, Kundenclubs und -zeitschriften.
Wichtig ist dabei, dass der Kunde in *jeder* Phase auch *selbst* einen Kontakt zum Anbieter initiieren kann. Sicher sind schon viele Wiederholungskäufe nicht zustandegekommen, weil der Kunde nicht wusste, an wen er sich wenden muss oder der richtige Ansprechpartner gerade nicht zur Verfügung stand; unzufriedene Kunden fanden keine geeignete Beschwerdestelle, hilflose Kunden keine Hotline. Je anonymer die Märkte und je länger die Kaufzyklen sind,

desto bedeutender wird es, die Interaktion mit dem Kunden über den gesamten Buying Cycle konsequent abzusichern.

In Business-to-Business-Bereichen, in denen heute kaum noch «fertige Produkte» verkauft werden, ist diese Interaktion unerlässlich, weil zumindest die Kundenwünsche spezifiziert werden müssen. Oft geht die Mitwirkung und Einbindung des Kunden aber soweit, dass Wertschöpfungsprozesse beider Marktpartner miteinander verschmolzen werden (Kundenintegration).[43]

Integration des Kunden in Unternehmensprozesse:
Möglichkeiten zur Integration des Kunden beschränken sich nicht nur auf den Business-to-Business-Bereich, sondern sind auch bei den meisten Dienstleistungen Voraussetzung, um Leistungen überhaupt zu erbringen (z.B. Friseur, Arzt, Auszahlung am Geldautomaten). Im Anlagengeschäft arbeiten regelmässig Mitarbeiter aller beteiligten Unternehmen in Projektgruppen zusammen.

Beim Simultaneous Engineering bilden Mitglieder des Konstruktionsbereichs (Anbieter) und die Produktionsabteilung des Kunden ein Team.[44]

Sobald Wertschöpfungsaktivitäten zwischen Anbieter und Kunde überschneidungsfrei aufgeteilt werden, entstehen beiderseitige Bindungen auf Personen-, Leistungs- und Organisationsebene, die sowohl faktischer als auch emotionaler Art sein können. Beispiele sind vernetzte Informationssysteme zur Qualitätskontrolle oder für Just-in-Time-Lieferungen.

Auch können ganze Unternehmens- oder einzelne Produktionsbereiche ausgelagert und vom Partner übernommen werden. Die ständige Zusammenarbeit lässt persönliche Bindungen zwischen den Mitarbeitern entstehen und erfordert oft auch die einheitliche Nutzung technischer Standards, um die Kompatibilität der Systeme zu gewährleisten.

Bekannte Herausforderungen wie die «Konzentration auf Kernkompetenzen» oder Entscheidungsbereiche wie «make or buy» oder «single or multiple sourcing» fliessen in diesen Bindungsbaustein ein.

Incentives:
Unter Incentives sind alle Anreize zu verstehen, die dem Kunden einen höheren zukünftigen Nutzen oder geringere Kosten versprechen. *Monetäre* Anreize, dem Unternehmen treu zu bleiben, bieten vor allem Rationalisierungs- und Kostensenkungspotentiale sowie eine abgestimmte Preis- und Konditionspolitik. Hierzu gehören ein «Win-Win-Pricing»[45] genauso wie Sockelpreissysteme und Preisclubs, die – verbunden mit einem höheren Basisbetrag zu Beginn – dem Kunden im Zeitverlauf preisliche Vergünstigungen bringen (z.B. Halbtax-Abo). Treuerabatte sind besonders gut geeignet, Dauer oder Intensität der Kundenbeziehung mit Preisvergünstigungen zu belohnen. Sie werden vor allem im Handel und bei Dienstleistungen eingesetzt (z.B. jeder 10. Kauf ist gratis; bei jedem Kauf gibt es x % Rabatt). Diesem System unterliegen viele Bonusprogramme (s. 3.2.6, S. 48), die jedoch in der Regel preisliche Vergünstigungen mit Zusatzleistungen kombinieren (z.B. Qualiflyer der Swissair). Nicht-monetäre Anreize sind besonders geeignet, psychologische Bindungen zu stärken (s. zu Kundenzufriedenheit und Vertrauen, 3.1.2, 3.1.3).

Informationstechnologie:
Eine erfolgreiche Umsetzung der oben genannten Tools ist ohne die neuen Erkenntnisse in der Informations- und Kommunikationstechnologie undenkbar – seien es leistungsfähige Datenbanken, komplexe Analyse- und Kontrollmethoden, eine individuelle Kundenansprache, informatorische Vernetzung zwischen Anbieter und Kunde oder die ständige Bereitschaft, auf Kundenwünsche zu reagieren. Bereits bekannte und vieldiskutierte Begriffe sind beispielsweise Internet, CD-ROM, On-line Dienste, Direct Marketing, Efficient Consumer Response.

Institutionalisierung des Beziehungsgedankens im gesamten Unternehmen:
Je intensiver die Zusammenarbeit und je grösser die Zahl der beteiligten Personen am Kauf- und Entscheidungsprozess, desto zahlreicher sind die Schnittstellen zwischen Anbieter und Kunde. Ob Personen-, Leistungs- oder Organisationsebene – die Bindungen sind so vielfältig, dass sie

nicht allein von einer Person oder Abteilung aus gestaltet werden können. Dieser Aspekt ist nicht neu, sondern entspricht der Forderung nach einer Markt- und Kundenorientierung in Unternehmen.[46]

Die folgenden Abschnitte des 3. Kapitels greifen die acht «I» auf und widmen sich einzelnen Herausforderungen, die besonders entscheidend für die Gestaltung der Kundenbindung sind.

3.2.2 Entwickeln Sie innovative Leistungssysteme

Leistungssysteme sind ganzheitliche Problemlösungen, die optimal auf die Erfordernisse des Anbieters und seiner jeweiligen Kunden(-segmente) abgestimmt sind. Sie sind in Märkten mit zunehmender Auswechselbarkeit von Produkten, wachsenden Ansprüchen mächtiger Kunden und einem intensiven einseitigen Preiswettbewerb oft die einzige Antwort. Durch eine bewusste Gestaltung des Verhältnisses von Leistung und Gegenleistung soll die gefährliche Eigendynamik zersplitterter Einzelleistungen vermieden werden. Leistungssysteme zeichnen sich dadurch aus, dass der Input-/Output-Saldo sämtlicher Leistungen und Gegenleistungen sowohl beim Anbieter als auch beim Kunden ausgeglichen und die Anforderungen und Bedürfnisse beider Partner zufriedengestellt sind.[47]

Abbildung 22 zeigt das Spektrum möglicher Leistungskombinationen bzw. Anreize, die dem Anbieter zur Verfügung stehen. Die Kombination von Produkt, Dienstleistungen und immateriellen Werten (z.B. Reputation) sowie die Konzentration auf bestimmte Leistungen hängt vom jeweiligen Kunden(-segment) ab und wird der speziellen Phase im «Buying Cycle» angepasst. Jede Ebene enthält Bindungspotentiale, seien es spezifische Eigenschaften der Kernleistung (z.B. Systemleistung), Einkaufs- und Sortimentsverbunde (z.B. Cross Selling), Kern- und Zusatzdienstleistungen (z.B. Reparatur- und Wartungsverträge), integriertes Projektmanagement (Kundenintegration) oder Vertrauen durch persönliche Beziehungen. Deshalb ist es nicht verwunderlich, dass bei einer Befragung 1991 die Kundenbindung als Hauptziel von Leistungssystemen genannt wurde.[48]

Bindungen entstehen aber vor allem durch eine optimale *Kombination* nutzenstiftender Leistungen. Leistungssysteme bieten genau das, was die Partner wollen – nicht mehr und nicht we-

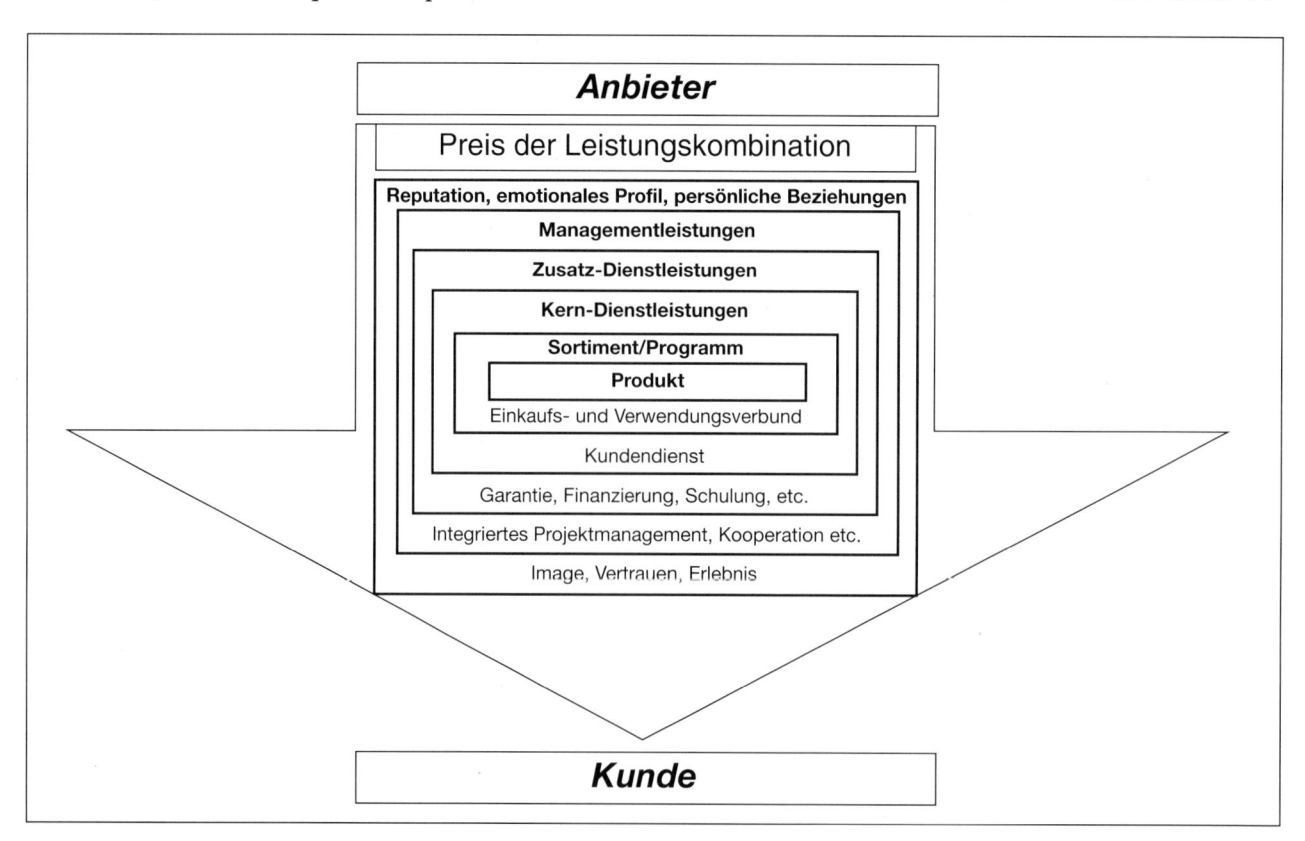

Abb. 22: Das Spektrum potentieller Leistungen bzw. Anreize eines Anbieters. Quelle: in Anlehnung an Belz et al. 1991, S. 12.

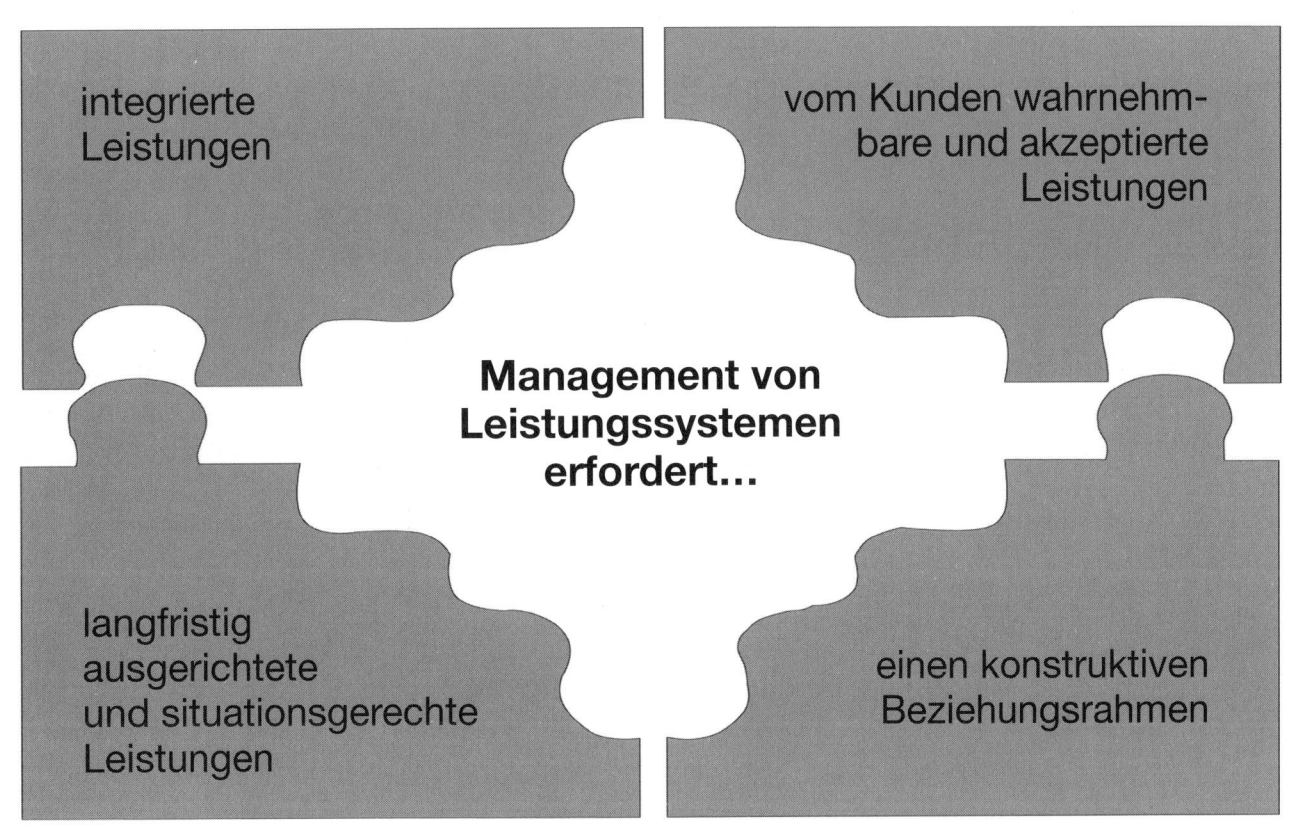

Abb. 23: Prinzipien des Managements von Leistungssystemen. Quelle: in Anlehnung an Tomczak 1994, S. 201.

niger. Die Gesamtsumme hat einen höheren Wert als die Summe der Einzelleistungen. Geschnürte Leistungspakete erschweren zudem das Herausgreifen attraktiver Einzelleistungen durch den Kunden.

Echte, integrierte Leistungssysteme sind von der Konkurrenz kaum kopierbar, wenn sie vom Kunden verstanden und akzeptiert werden. Dafür ist eine interaktive Zusammenarbeit und Kommunikation notwendig. Beim Management von Leistungssystemen sind vier Prinzipien zu beachten (s. Abb. 23):[49]

– Integrierte Leistungen
Um Kunden eine optimale Problemlösung zu präsentieren, sind alle Leistungsbestandteile darauf zu prüfen, ob und inwieweit sie einen Kundennutzen erbringen und das Potential für einen Wettbewerbsvorteil aufweisen. Das Angebot kann zum einen durch nutzenstiftende Leistungen, insbesondere Dienstleistungen, *ergänzt* werden. Anbieter sollten aber vermeiden, Schwächen in der Grundleistung oder zu teure Produkte mit Dienst- und Zusatzleistungen zu kompensieren. Zum anderen kann es sich auch lohnen, das Angebot abzuspecken, d.h. Teilleistungen *abzubauen*, die in erster Linie nur Kosten verursachen, aber keinen oder nur wenig Nutzen stiften. Die Kosten-Nutzen-Analyse kann selbst in derselben Branche zu unterschiedlichen Strategien führen. Während viele Fluggesellschaften ihr Angebot durch spezielle Dienstleistungen für Vielflieger ergänzen, ist die amerikanische Southwestern Airline gerade aufgrund ihres spartanischen Angebots und ihrer günstigen Preise erfolgreich.[50]

– Vom Kunden wahrnehmbare und akzeptierte Leistungen
Hier stellt sich die Frage, inwieweit sich einzelne Teilleistungen isolieren und damit verrechnen bzw. bewerten lassen. Dahinter steckt das Problem, dass Kunden oft den Wert einer Leistung nicht genau beurteilen können. Gute Produkte werden zudem rasch von der Konkurrenz kopiert und – aufgrund geringerer Entwicklungskosten – meist preiswerter angeboten.

Gelingt es nicht, den tatsächlich realisierten Mehrwert dem Kunden auch so zu erklären, dass sie diesen akzeptieren und honorieren, ist eine erfolgreiche Führung der Leistungssysteme nicht möglich. Eine klare Kommunikation des Kundennutzens ist jedoch oft ein Problem für die Anbieter. In einer Umfrage bei grossen schweizerischen Investitionsgüterunternehmen 1996 verfügten z.B. 60% der Befragten über keine eigentliche Dokumentation ihrer Dienstleistungen.[51] Neben diesem Erklärungsproblem steht auch die Frage der optimalen Preisgestaltung, insbesondere für Dienst- und Zusatzleistungen. Vieldiskutierte Ansätze sind hier «target pricing», nichtlineare Preissysteme, «value based pricing» bzw. nutzenorientierte Preisgestaltung.[52]

– Langfristig ausgerichtete und situationsgerechte Leistungen
Leistungssysteme dienen dazu, Geschäftsbeziehungen langfristig aufrechtzuerhalten. Deshalb sind sie auf eine längere Zeit auszurichten und weiterzuentwickeln. Das erfordert aber, den Kunden selbst und seine jeweilige aktuelle Situation zu kennen und einzubeziehen. Innerhalb des «Buying Cycles» werden z.B. in der Kontakt- und Evaluationsphase vom Kunden andere Informationen und Leistungen gewünscht als in der Nutzungsphase. Dabei unterscheiden sich auch Erstkäufe unerfahrener Generalisten von wiederholten Käufen erfahrener Spezialisten.[53]

– Konstruktiver Beziehungsrahmen
Leistungssysteme werden vom Anbieter in Zusammenarbeit mit dem Kunden geführt. Wer innerhalb der Geschäftsprozesse dominiert, ist durch die relative Machtverteilung der Marktpartner bestimmt. Je positiver die Nutzen-Kosten-Differenz und je höher die Wechselkosten für den Kunden sind, desto eher besteht die Möglichkeit für den Anbieter, Kunden- bzw. Geschäftsbeziehungen autoritär zu führen. Aus langfristiger Sicht ist hier jedoch Vorsicht geboten. Beziehungen existieren nicht isoliert von der Umwelt und ihren Veränderungen (s. auch 1.4). Besser ist es, Kunden als «Partner» zu betrachten und somit eine «Win-win-Situation» für beide zu schaffen.

3.2.3 Integrieren Sie Ihre Kunden in den Wertschöpfungsprozess

Leistungssysteme führen vielfach auch zu einer neuen Arbeitsteilung zwischen Anbieter- und Kundenunternehmen und somit zu veränderten Wertschöpfungsprozessen der Marktpartner. Um Kundenwünschen gerecht zu werden, arbeiten immer mehr Anbieter mit ihren Kunden direkt zusammen. Oft ist dies sogar Voraussetzung für einen Kaufabschluss bzw. für eine Geschäftsbeziehung. Was bei Dienstleistungen schon immer der Fall war, zeigt sich nun auch vor allem im Business-to-Business-Sektor: Unternehmen integrieren ihre Kunden in ihre Leistungsentwicklungs- und/oder -erstellungsprozesse. Die Zusammenarbeit ist vielfältig: Lead-User-Projekte und andere Projektmanagement-Teams, Kundenforen und -konferenzen, User-Groups etc. Ebenfalls sind die Schnittstellen zu den weiteren – in Kapitel 3.2 dargestellten – Gestaltungsmöglichkeiten der Kundenbindung erkennbar: Kunden bzw. deren Informationen werden beispielsweise in die Beschwerdebearbeitung integriert. Kundenclubs können ebenfalls dem Informationsaustausch dienen.
Die dafür notwendigen spezifischen Kommunikations- und Interaktionsstrukturen enthalten grosse Bindungspotentiale, die für beide Partner Chancen bieten.[54] Für eine effektive und gleichzeitig effiziente Kundenintegration sind zwei zentrale Fragen zu beachten:[55]

– Welche Leistungen wollen die Kunden?
Zunächst ist zu klären, wo, wann und wie intensiv Kunden an der Definition und Realisierung der Problemlösung mitwirken bzw. mitwirken wollen. Für das Unternehmen IBM führte diese Analyse zu drei unterschiedlichen Marktsegmenten (s. Abb. 24). Der Gruppe *Off-the-rack* werden Kunden zugeordnet, die vornehmlich «reine PC-Käufe» tätigen. Der Integrationsbedarf ist gering: Die Kundenerwartungen beschränken sich auf angemessene Preise und Beschaffungskonditionen, effiziente Distribution, gesicherte Qualität und technische Unterstützung.
Anwendungsbezogene Lösungen mit mehr oder weniger grossen Veränderungen erwartet bereits das Segment «Mass customization». Dafür ist bestimmtes Know-how notwendig; die Integration ist entsprechend stärker.
Komplexe Gesamtlösungen – individuell auf den Kunden zugeschnitten – werden im Segment «One-of-a-kind» nachgefragt. Hier ist eine verstärkte Mitarbeit des Kunden unabdingbar.[56]

«Off-the-rack»	«Mass customization»	«One-of-a-kind»
Technology & Products	Solutions & Products	Solutions
Vendor	**Preferred supplier**	**Partner**

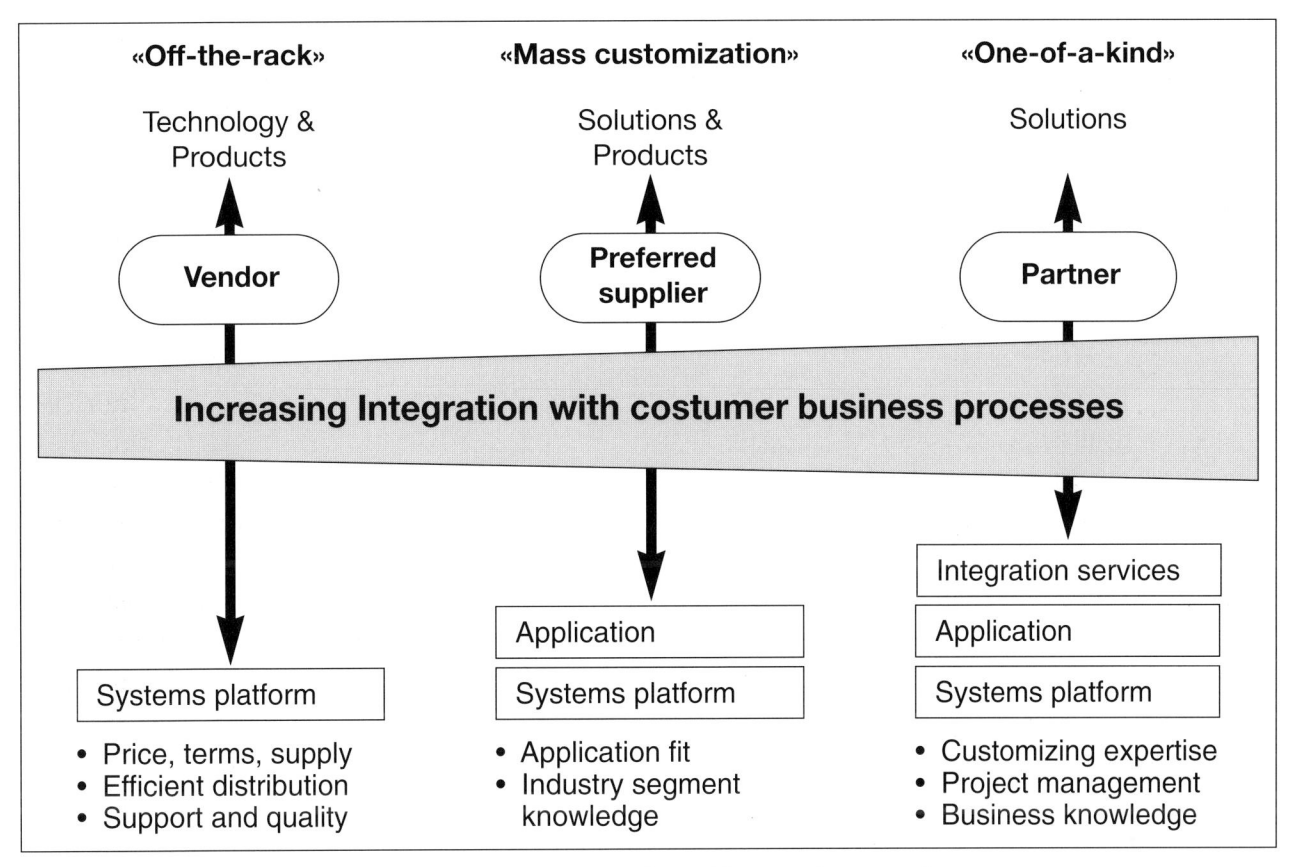

Increasing Integration with costumer business processes

		Integration services
	Application	Application
Systems platform	Systems platform	Systems platform
• Price, terms, supply • Efficient distribution • Support and quality	• Application fit • Industry segment knowledge	• Customizing expertise • Project management • Business knowledge

Abb. 24: Prozessorientierte Kundensegmentierung bei IBM. Quelle: Dahlke/Kergaßner 1997, S. 182.

– Wie und wo beteiligt sich der Kunde an der Leistungserstellung?

Für eine erfolgreiche Kundenintegration ist Transparenz darüber notwendig, wie der gesamte Prozess mit dem Kunden ablaufen soll (bzw. sollte) und welche internen Vorgänge sowohl beim Anbieter als auch beim Kunden dafür notwendig sind. Als Hilfsmittel dienen graphische Darstellungen, sogenannte Blueprints. Ein solches Blueprint hat verschiedene Bedeutung:[57]

Es dient als Strukturierungshilfe für die Verantwortlichen der Prozesse, als Schulungsmittel zur Unterweisung der beteiligten Mitarbeiter, einer effizienten Ressourcenplanung im Zeitverlauf und einer innerbetrieblichen Um- und Durchsetzung der Prozesse. Abbildung 25 zeigt ein exemplarisches Blueprint, das sowohl die Zusammenhänge einzelner Teilprozesse als auch alternative Abläufe darstellt. In der Realität sind diese Darstellungen viel komplexer. Für ihre

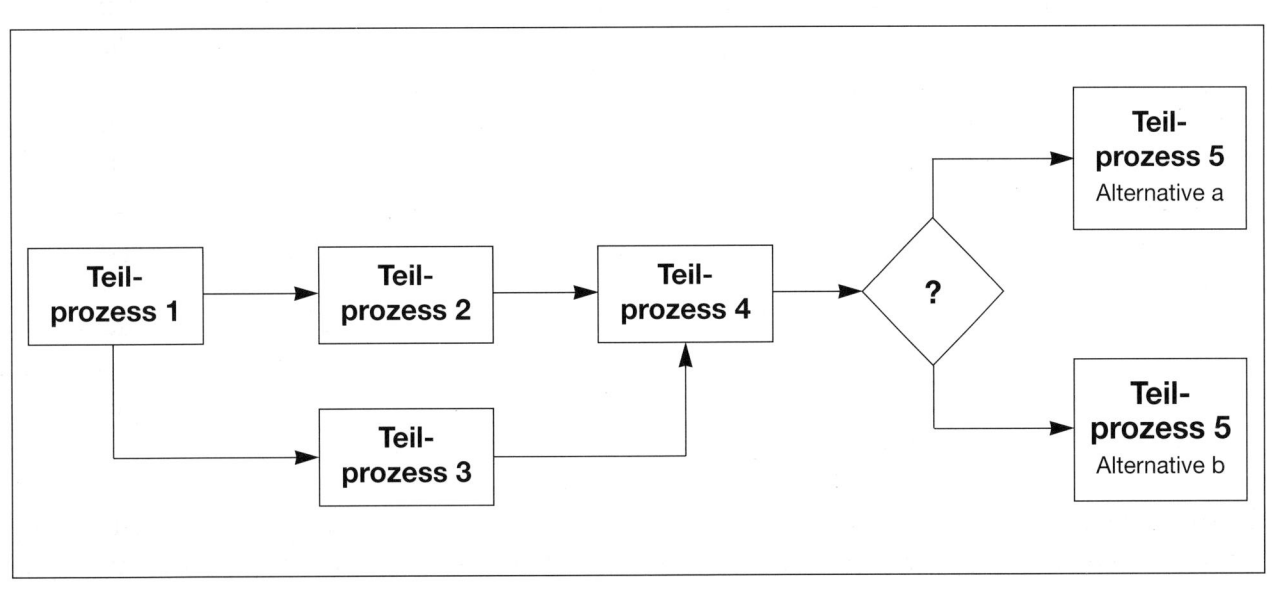

Abb. 25: Exemplarisches Blueprint zur Darstellung von Prozessen. Quelle: in Anlehnung an Weiber/Jacob 1995, S. 565.

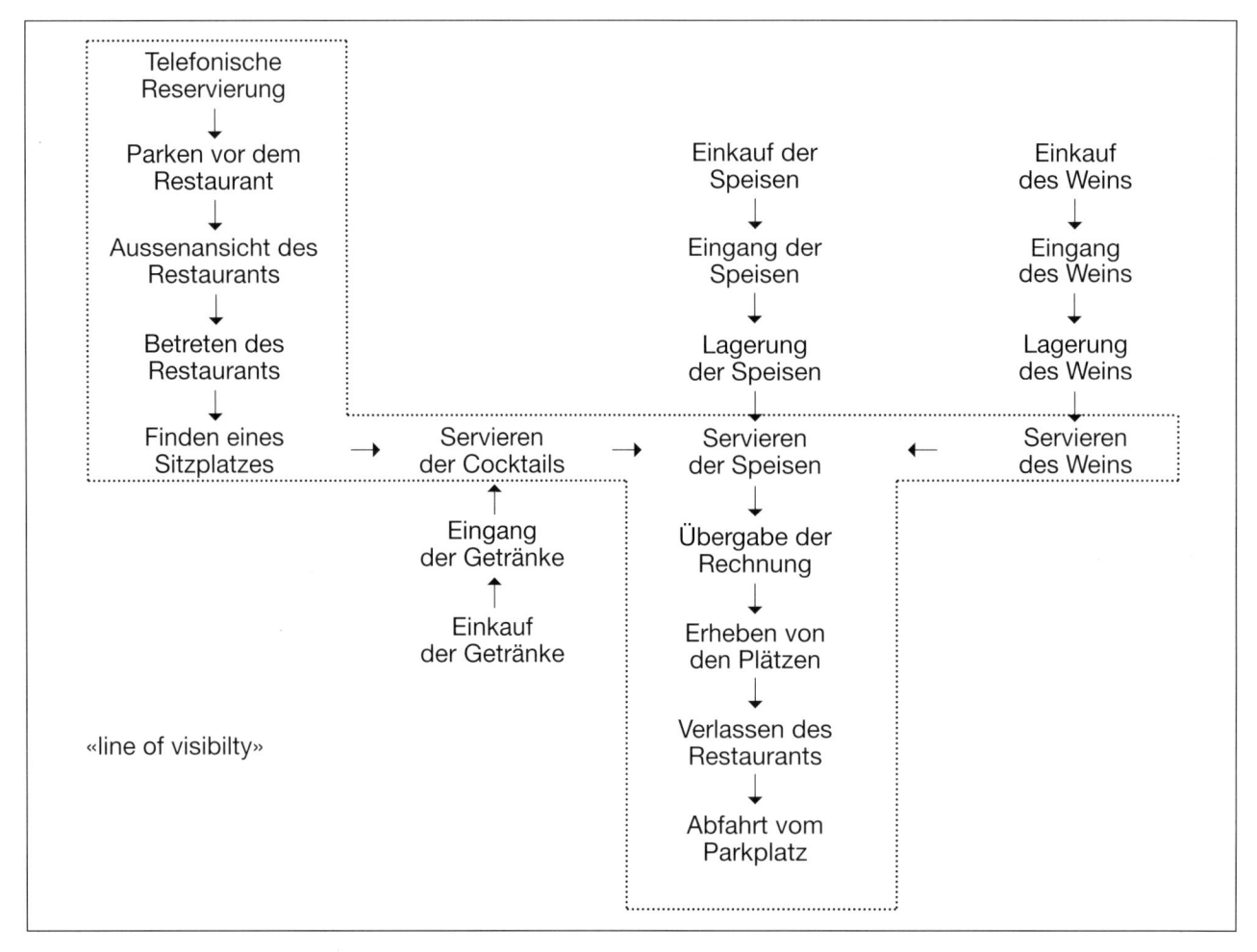

Abb. 26: Restaurant-Blueprint. Quelle: Stauss 1995, S. 387.

Anwendung muss die Technik des Blueprintings beherrscht werden.[58]
Blueprinting ist eine Methode zur Identifikation der sogenannten «moments of truth» in Dienstleistungsprozessen. Abbildung 26 zeigt beispielhaft eine vereinfachte Version eines Blueprints für Restaurantdienstleistungen. Die gestrichelte Linie ist die sogenannte «line of visibility». Sie umfasst sämtliche, den Konsumenten sichtbaren Teile des Dienstleistungssystems und die jeweiligen Kundenkontaktpunkte.
Mittels einer Analyse der Kundenwertkette kann der Anbieter feststellen, durch welche eigenen Aktivitäten und Leistungen er den Kunden unterstützen und somit einen Anreiz für eine Integration bieten kann. Insbesondere bei neuartigen Problemlösungen oder bei im Aufbau begriffenen Geschäftsbeziehungen besteht beim Anbieter und/oder Kunden Unklarheit, wie sie sich optimal in die Prozesse beim Partner integrieren können.[59] Um diese Schnittstellen zu definieren, können geeignete Hilfsmittel, z.B. gemeinsame Nutzung von Wirtschaftlichkeitsrechnungen, Muster, Testprodukte und -programme, Prototypen oder Videos, die beispielsweise die geplante Leistungserstellung demonstrieren, angewendet werden.

3.2.4 Nutzen Sie die Beschwerden Ihrer Kunden

Ein aktives Beschwerdemanagement bietet die Chance, unzufriedene Kunden doch noch zufriedenzustellen und zusätzliche kundenrelevante Informationen zu erhalten. Studien ergaben, dass 82% der Kunden, deren Reklamationen schnell gelöst worden sind, wieder beim gleichen Anbieter kaufen würden.[60] Wenn sich Kunden tatsächlich beschweren, ist dieses Feedback – anders als bei den Ergebnissen herkömmlicher Marktanalysen – tendenziell konkret und spezifisch. Ihre Beschwerdegründe können auch Anlass für sofortige Reaktionen durch das Unternehmen sein, um keine weiteren Kunden zu verlieren. Weiterhin bieten sie Anhaltspunkte

Direkter Beschwerdemanagementprozess

Beschwerdestimulierung → Beschwerdeannahme → Beschwerdebearbeitung und -reaktion

Beschwerdeauswertung

Beschwerdemanagement-Controlling

Indirekter Beschwerdemanagementprozess

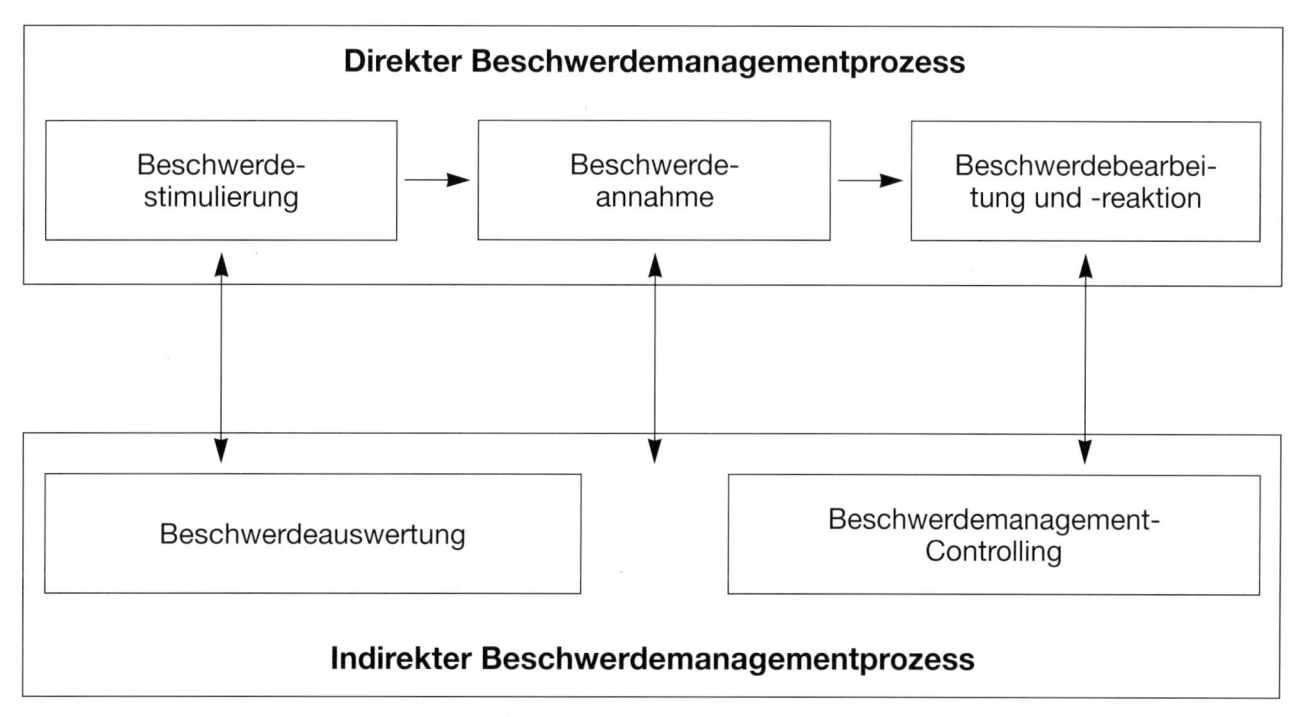

Abb. 27: Der Beschwerdemanagementprozess im Überblick. Quelle: Stauss/Seidel 1996, S. 62.

bei der Entscheidung, welche Investitionen in die Kundenzufriedenheit rentabel sind.

Für den erfolgreichen Umgang mit Beschwerden benötigt das Unternehmen leicht zugängliche Beschwerdekanäle für die Kunden, eine sach- und problemgerechte Beschwerdereaktion und -bearbeitung sowie eine systematische Beschwerdeanalyse. Zusätzlich ist im Rahmen eines Beschwerdemanagement-Controlling der Zielerreichungsgrad der Aufgabenerfüllung zu überprüfen. Abbildung 27 gibt einen Überblick über die Teilaufgaben im Beschwerdemanagementprozess.

Im folgenden werden alle Teilaufgaben kurz charakterisiert:[61]

– Beschwerdestimulierung
Innerhalb dieser Teilaufgabe müssen Beschwerdewege eingerichtet und diese gegenüber dem Kunden kommuniziert werden. Grundsätzlich stehen mündliche (z.B. mittels Service- oder Kundenständen am PoS), schriftliche (z.B. mittels Meinungskarten) und telefonische (z.B. über gebührenfreie Telefonnummern) Beschwerdewege zur Verfügung. Beschwerden sollten zum einen an üblichen Kontaktpunkten zwischen Kunde und Anbieter, zum anderen aber auch über zeitliche und örtliche Distanzen möglich sein. Der Kunde muss wissen, «dass», «wie» und «bei wem» er sich beschweren kann.

– Beschwerdeannahme
Diese Teilaufgabe umfasst den Erstkontakt mit dem unzufriedenen Kunden sowie die Erfassung der Beschwerdeinformationen. Unternehmen sollten bei der Schulung ihrer Mitarbeiter darauf achten, dass diese beruhigend und sachlich vorgehen sowie eine schnelle Einleitung der Problemlösung veranlassen können. Dazu gehören auch sämtliche Informationen über den Verlauf und Ausgang vergangener Beschwerdefälle des Kunden. Bewährt hat sich das Prinzip des «Complaint Ownership». Diejenige Person, die vom Kunden über ein Problem als erste informiert wird, hat dafür zu sorgen, dass diese Beschwerde erfasst und bearbeitet wird. Der betreffende Mitarbeiter ist solange «Eigentümer der Beschwerde» bis entweder das Problem – aus Kundensicht – gelöst ist, oder er den Fall aufgrund von Kompetenzüberschreitungen an einen anderen «Complaint Owner» abgeben muss.

Hieran zeigt sich die Notwendigkeit einer Dezentralisierung von Entscheidungskompetenzen, damit die Beschwerdeempfänger auch eigenverantwortlich handeln können. So stehen jedem Mitarbeiter bei der Hotelkette Ritz-Carlton – Gewinner des Malcolm Baldrige National Quality Award 1992 – im Problemfall ein Budget von $ 2'000 zur Verfügung, um sich beschwerende Kunden zufriedenzustellen.[62] Mit

Beschwerdeannahme

Entgegennehmender: _____ Eingangsdatum: _____

Beschwerdeweg:
❏ Telefon ❏ Brief ❏ persönlicher Kontakt ❏ _____

Adressat der Beschwerde
❏ Kundenbetreuung ❏ Verkauf ❏ Geschäftsführung ❏ _____

Beschwerdeführer

Stammdaten:
Anrede: _____
Vorname: _____
Firma/Name: _____
Ansprechpartner: _____
Strasse/Postfach: _____
PLZ/Ort: _____

Interner/externer Kunde
❏ interner Kunde ❏ externer Kunde

Betroffener
❏ Beschwerdeführer selbst
❏ Angestellter des Beschwerdeführers
❏ Vorgesetzter des Beschwerdeführers

Verärgerung
❏ ❏ ❏ ❏ ❏
gering   sehr gross

Beschwerdeobjekt

Produkt/Dienstleistung:
❏ _____ ❏ _____ ❏ _____ ❏ _____

Marktangebot/Marketing-Mix
❏ Produkt ❏ Preis ❏ Distribution ❏ Kommunikation
❏ Personal ❏ Prozess ❏ physisches Umfeld ❏ _____

Gesellschaftspolitisches Verhalten
❏ _____ ❏ _____ ❏ _____ ❏ _____

Beschwerdeproblem

Fallschilderung: _____
_____

Art des Problems:
❏ Problem 1 ❏ Problem 2

Ort des Problemauftritts: _____

Zeitpunkt des Problemauftritts: _____

Erst-/Folgebeschwerde
❏ Erstbeschwerde ❏ Folgebeschwerde

vom Kunden gewünschte Fallösung

Reaktionsdringlichkeit:
❏ Dringlichkeitsstufe
❏ normale Bearbeitung

Gewährleistung/Kulanz:
❏ Gewährleistung
❏ Kulanz

Beschwerdelösung

tatsächlich realisierte Problemlösung _____

dem Kunden gegenüber gemachte Zusagen _____

Terminzusagen
❏ sofort gelöst zum: ❏ Zwischenbescheid bis: ❏ Problemlösung/Wiedergutmachung:

Beschwerdebearbeitung

Complaint Owner
❏ Complaint Owner 1 ❏ Complaint Owner 2

Beschwerdebearbeitungsprozess
❏ Prozess 1 ❏ Prozess 2

Abb. 28: Beispiel für ein Beschwerdeerfassungsformular. Quelle: in Anlehnung an Stauss/Seidel 1996, S. 120 f.

Hilfe standardisierter Formblätter können die Beschwerdeinformationen vollständig, schnell und strukturiert erfasst werden. Abbildung 28 zeigt ein Beispiel für ein solches Formblatt. Eine PC-gestützte Beschwerdeerfassung und -bearbeitung unterstützt eine systematische und umfassende Dokumentation.

– Beschwerdebearbeitung/Beschwerdereaktion
In diesem Aufgabenfeld geht es um die Gestaltung der internen Bearbeitungsprozesse, Festlegung der Verantwortlichen, die Definition sowohl der Bearbeitungstermine als auch der Beschwerdereaktionen (z.B. Zeitpunkt und Form der Eingangsbestätigung, Endbescheid) gegenüber dem betreffenden Kunden. Mittels eines Flussdiagramms können relevante Prozesse und Subprozesse, deren Schnittstellen und zeitlicher Verlauf sowie die jeweiligen Verantwortlichen visualisiert werden (s. Abb. 29).

– Beschwerdeauswertung
Hauptaufgabe ist die quantitative und qualitative Auswertung der erhaltenen Beschwerdeinformationen. Im Mittelpunkt der quantitativen Auswertung steht die Überwachung des Umfangs und Verteilung des Beschwerdeaufkommens sowie die Charakterisierung häufig genannter Probleme. Als Informationsbasis dienen vor allem die angelegten Formblätter. Die qualitative Auswertung widmet sich vorrangig einer systematischen Ursachenanalyse.

Bearbeitungs-stufe	Bearbeitungs-dauer	Aktivität und Task Owner
1	2 AT	Beschwerde → ausführliche Bearbeitung erforderlich? → nein → Endbescheid (KDB), Feedback an Filiale (KDB); ja → Eingangsbestätigung (KDB). KDB = Kundenbetreuung, QuaSi = Qualitätssicherung, AT = Arbeitstage
2	3 AT	Stellungnahme (QuaSi)
3	5 AT	abschliessende Bearbeitung (KDB)
4	2 AT	Endbescheid (KDB), Feedback an Filiale (KDB)

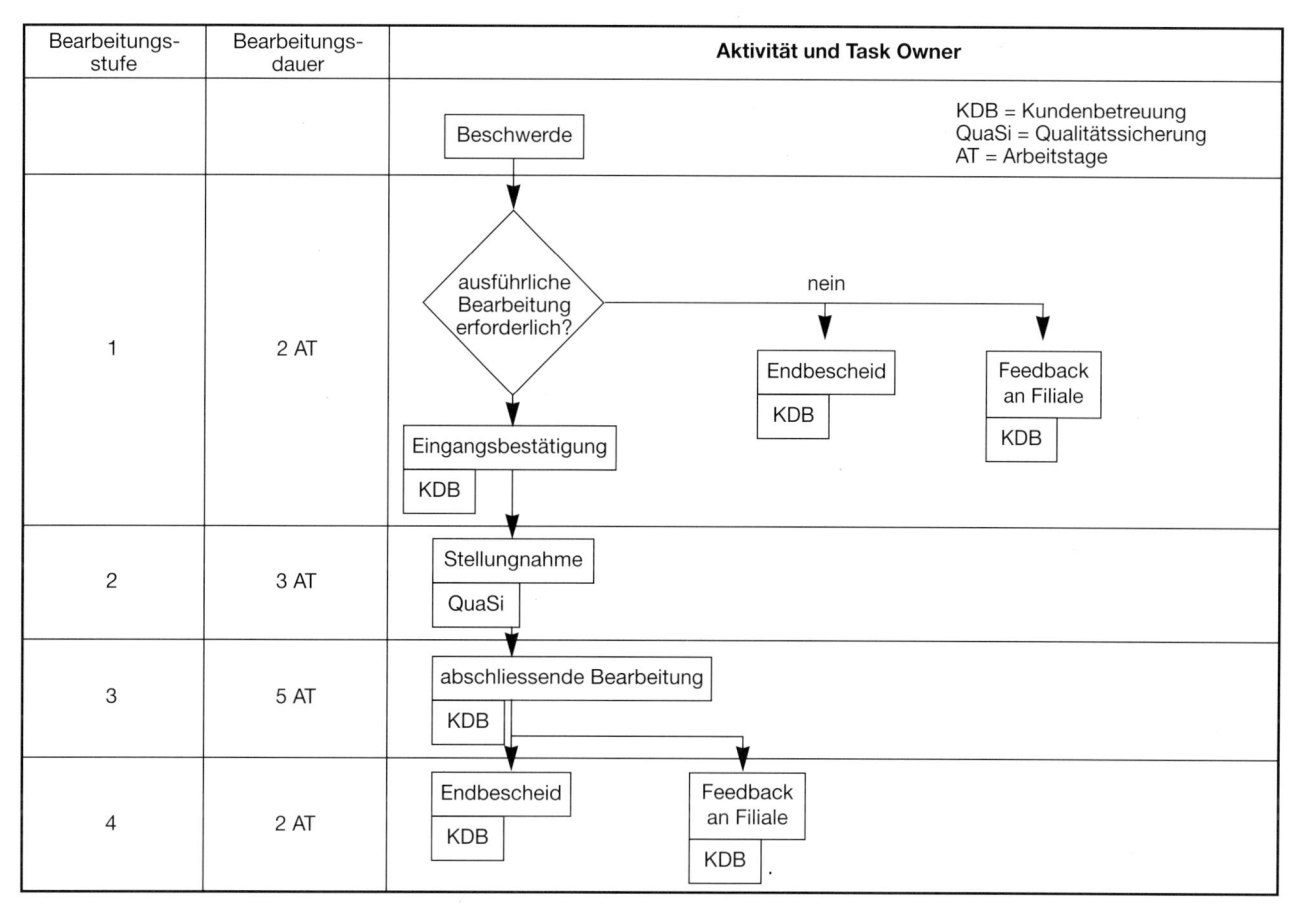

Abb. 29: Beispiel eines einfachen Beschwerdebearbeitungsprozesses. Quelle: in Anlehnung an Stauss/Seidel 1996, S. 137.

– Beschwerdemanagement-Controlling
Das Beschwerdemanagement-Controlling formuliert und kontrolliert die Leistungsindikatoren und -standards für alle vorher beschriebenen Aufgaben. Ausserdem gibt es Aufschluss über die Rentabilität der Aktivitäten im Rahmen der einzelnen Teilaufgaben. Kosten und Nutzen des Beschwerdemanagementsystems werden gegenübergestellt.

3.2.5 Pflegen Sie zu Ihren Kunden einen regelmässigen Kontakt

Das Streben nach langfristigen Beziehungen mit rentablen Kunden erfordert einen kontinuierlichen Dialog, der individuell auf deren Bedürfnisse abgestimmt ist. Aus diesem Grund ist die klassische Kommunikation weniger geeignet und muss durch Instrumente ergänzt werden, die sowohl *kundenspezifische* Belange berücksichtigen als auch ein *Kundenfeedback* ermöglichen. Die Face-to-face-Kommunikation bietet sicher das grösste Potential für eine effektive Interaktion. Der persönliche Kontakt zum Kunden verursacht jedoch einen hohen Kosten- und Zeitaufwand, weshalb über die Effizienz dieser Kommunikationsform nun auch im Business-to-Business-Bereich diskutiert wird. Das Direkt-Marketing nutzt die Entwicklungen in der Informations- und Kommunikationstechnologie, um sowohl dem Anspruch der Effektivität als auch Effizienz gerecht zu werden.[63]

Zudem kann das gewonnene Kundenfeedback über die Mitarbeiter mit Kundenkontakt, aus Kundenforen und Beschwerden die Informationen der klassischen Marktforschung hervorragend ergänzen. Beispielsweise ergaben Untersuchungen, dass die meisten Unternehmen nicht wissen, wieviel Kunden sie verlieren und warum. Dabei ist der Preis oft nur ein vordergründiges Argument und der kleinste Teil aller ermittelten Ursachen.[64]

Die dargestellten Instrumente sind nicht nur zur Kundenbindung geeignet, sondern können – bei entsprechender Gestaltung – auch der Gewinnung neuer Kunden dienen.

Neben dem Telefongespräch sind Hotlines oder persönliche Mailings fast schon Klassiker. *Hotlines* ermöglichen einen Dialog, dessen Zeitpunkt und Inhalt der Kunde weitgehend selbst bestimmt. Für einen zufriedenstellenden Dialog über Hotlines müssen Anbieter genau prüfen, ob Kunden diese Verbindung nutzen, wann sie sich an den Anbieter mit welchen Problemen wenden und welche Reaktionen sie erwarten.

Persönliche Mailings sind beispielsweise mit Gewinnspielen, Zusatzangeboten, Feedbackmöglichkeit oder Produktinformationen kombinierbar. Der Abnutzungseffekt ist jedoch sehr hoch, wenn sich der Beziehungsgedanke allein auf Briefkopf und Anrede konzentriert. Deshalb werden Mailings in Form integrierter Kundenkontaktprogramme, wie z.B. in der Automobilbranche, kontinuierlich zu unterschiedlichen Gelegenheiten versendet.[65] Dafür ist eine systematische Aufstellung sämtlicher Aktionen über einen bestimmten Zeitablauf notwendig (s. Tab. 5). Diese individuelle Betreuung setzt eine aktuelle und umfassende Datenbank voraus (s. 4.3, S. 55 ff.).

Kundenkarten bieten die Möglichkeit, in eher anonymen Märkten das Kaufverhalten *einzelner Kunden* zu erfassen und in entsprechende Leistungen umzusetzen. Sie sollten nicht nur eine reine Ausweisfunktion, sondern zusätzliche Wertpotentiale besitzen: zur Inanspruchnahme weiterer Leistungen (Versicherungen bei Fahrten ins Ausland, Ticketservice für Reisen, Mietwagen, Hotels etc.), als Rabattkarte für finanzielle Vorteile (z.B. jede 10. Pizza kostenlos, 10% auf das 12. Paar Schuhe) oder als Kreditkarte mit Zahlungsfunktion (z.B. Eurocard mit Qualiflyer der Swissair). Vom Einsatz der Kundenkarte müssen sowohl Kunde als auch Anbieter profitieren: der Gewinn zusätzlicher Informationen über den Kunden ermöglicht eine individuelle und konzentrierte Kundenbetreuung (Marktleistung, Kommunikation etc.) über den gesamten Buying Cycle. Der Kunde nutzt die Vorteile einer exklusiven Behandlung und nimmt bestimmte Zusatzleistungen und Vergünstigungen in Anspruch (Serviceleistungen, Rabatte, bargeldloser Zahlungsverkehr, Zinsvorteil durch spätere Abbuchung etc.). Dadurch ist es wiederum möglich, Umsatz und Kauffrequenz zu erhöhen.[66]

Kundenzeitschriften gestalten die Beziehung zum Kunden, indem sie vier grundsätzliche Ziele verfolgen.[67]

Information: Kundenzeitschriften wollen dem Leser Unternehmens- und Angebotsinformationen übermitteln. Plumpe Werbe- und Verkaufsangebote verringern allerdings die Glaubwürdigkeit, die vor allem von Kriterien wie z.B. Offenheit, Kritikfähigkeit, Kontinuität und Aktualität bzw. Schnelligkeit der Kommunikation abhängt. Ziel ist ein Informationsvorsprung für die Leser darüber, «wer das Produkt herstellt, welches Unternehmen dahintersteht, wo produziert wird, welche Rohstoffe Einsatz finden und wie sich das Unternehmen im sozialen Bereich verhält» (z.B. Nestlé Deutschland AG).[68]

Aktion	Absender	Zeitpunkt	Inhalt	Form/Medium
1	GL, VL	nach Vertragsabschluss	Dank für Kauf; Hinweis auf Service	Brief; Vertragskopie Katalog
2	GL, BL, KD	3 – 4 Wochen nach Kauf	Dank für Vertrauen; Gratis-Service zwischen 1000 und 5000 km; zuständigen Kundenbetreuer nennen	Brief
3	GL, BL	Mitte Dezember	Weihnachts- und Neujahrswünsche	Brief mit Weihnachtsmotiv
...	...	...	...	...
13	BL	nach 47 Monaten	4. Geburtstag des Fahrzeugs; Erinnerung an Abgaswartung; Eintauschofferte, Probefahrt	Brief; Bestellkarte für Prospekt; Antwortkarte für Termin
				GL=Geschäftsleitung; BL=Bereichsleiter; KD=Kundendienst

Tab. 5: Kundenkontaktprogramm bei einem Automobilkunden (Beispiel). Quelle: in Anlehnung an AZ Direct Marketing Bertelsmann GmbH (o.J.), interne Unterlagen.

Unterhaltung: Viele neue Kundenzeitschriften, wie z.B. «New World» von Siemens, «Future» (Hoechst) oder «Fifty» (Colonia Versicherungen) bewegen sich weg von reinen Produktinformationen hin zu Lifestyle-Stories, spannenden Berichten aus Kultur und Gesellschaft, Politik, Wirtschaft und Wissenschaft. Ziel ist hier vor allem Sympathie, Imagetransfer und «das Weitererzählen».[69]

Identität: Die regelmässige, kostenlose Zustellung einer professionell gestalteten Zeitschrift, deren Qualität mit anderen Kauf- und Abonnementzeitschriften vergleichbar und exclusiv auf die anvisierte Leserschaft ausgerichtet ist, stärken das Selbstwertgefühl beim Kunden. Wichtig sind kundenrelevante Themen, die nicht unbedingt unternehmens- oder produktbezogen sein müssen. Das heisst also, auch hier ist die Kundenbrille aufzusetzen. Ein persönlicher, emotionaler Kommunikationsstil verstärkt den Identitätsprozess.

Interaktion: Kundenzeitschriften müssen so gestaltet sein, dass sie Feedbackmöglichkeiten bieten und die Leser sich untereinander Informationen austauschen können. Deshalb sind Hinweise auf Telefon- oder Faxnummern sowie die Homepage des Unternehmens klar und regelmässig zu kommunizieren. Weitere Möglichkeiten sind Leserbefragungen, Coupon-Aktionen, Leserhotlines und Leserrubriken.

Kundenclubs werden der Forderung gerecht, nicht nur isolierte Einzellösungen, sondern eine abgestimmte Kombination von leistungs-, preis-, kommunikations- und distributionsbezogenen Kundenbindungsmassnahmen einzusetzen.[70] Ihr Schwerpunkt liegt jedoch klar auf der Kommunikation, da sie mit dem Instrumentarium des Direct Marketing eine gezielte und effekte Ansprache der Kunden ermöglichen. Am Anfang steht die Idee eines eigenständigen Club-Konzepts, das genau der anvisierten Zielgruppe entspricht. Mittelpunkt ist dabei das zentrale Kommunikationsthema, welches den hohen Anforderungen bezüglich Attraktivität, Akzeptanz, Nutzen und langfristiger Tragfähigkeit gerecht wird und die Mitglieder zum Dialog motiviert (z.B. Erlebniswelt der Modell-Eisenbahn, Mobilität auf vier Rädern).[71] *Eintrittsmotive* in einen Kundenclub sind beispielsweise Informationssuche, Kommunikation und Kontakte, soziales Prestige, bessere Nutzung der Grundleistung, «Schnäppchen» und Unterhaltung/Spass.[72] Ein weiterer Schwerpunkt ist die *Gestaltung des Leistungsangebots* im Club. Grundsätzlich können folgende Leistungen angeboten werden:

– Clubleistungen, die mit dem eigentlichen Produkt- und Dienstleistungspaket eng verknüpft sind (Informationen zum Unternehmen und zur Nutzung der Grundleistung, zusätzlicher Service etc.). Der VW-Club bietet seinen Mitgliedern unter anderem eine 24-Stunden-Hotline, Pannenhilfe, Mobilitätsgarantie, Lotsendienst und 3% Rabatt auf Werkstattleistungen.

– Clubleistungen, die nur sehr entfernt mit den eigentlichen Leistungen zusammenhängen (VW-Club: Reisen, Konzerttickets, Mietwagenrabatte, Versicherungen etc.). Oft werden diese Leistungen in Kooperation mit branchenfremden Unternehmen angeboten.

Bei grundleistungs*nahen Angeboten* erkennen die Mitglieder den Nutzen besser und wissen um die Kompetenz des Club-Betreibers.[73] Sie können vor allem das Cross Selling steigern oder die Kauf- und Nutzungsfrequenz erhöhen. Grundleistungsferne Angebote geben dem Club ein breiteres Leistungsspektrum. Sie erhöhen dadurch die Attraktivität und Exklusivität der Beziehung. Je attraktiver das Leistungspaket ist, desto eher empfehlen die Mitglieder den Club weiter. Zudem bestehen Möglichkeiten, dieses *Weiterempfehlungsverhalten* zu fördern: durch Belohnen von Freundschaftswerbung, Durchführen gemischter Club-Veranstaltungen mit überzeugten Mitgliedern und Interessenten sowie mittels kostenlosem Clubmaterial (z.B. Magazine, kleine Geschenke).[74] Die Art und Weise der Kommunikation ist entscheidend für den Aufbau emotionaler Bindungen. Dazu gehören die persönliche Ansprache des Clubmitglieds, gleichbleibende Ansprechpartner, Club-Treffen zur Face-to-face-Kommunikation sowie ein freundlicher und vertrauter Kommunikationsstil.[75]

Die langfristige Pflege eines Club-Konzepts ist mit einem hohen organisatorischen und finanziellem Aufwand verbunden, so dass vor allem die umsatz- und finanzkräftigen Unternehmen mit Kundenclubs aufwarten.[76] Allerdings sind

Clubs auch kein notwendiges Instrument zur erfolgreichen Kundenbindung. Der dahinterstehende Gedanke ist jedoch zu beachten: ein in sich stimmiges Konzept, welches die langfristige Beziehung in den Vordergrund stellt, den Kunden als Individuum über den gesamten Buying Cycle betrachtet und den Dialog fördert.

3.2.6 Belohnen Sie Ihre Kunden für ihre Treue

Langfristige Kundenbindung wird in der Regel nur durch eine optimale Kombination verschiedener Bindungsmechanismen erreicht (s. 1.2, S. 14 und 3.1, S. 24 ff.) Bonusprogramme steuern die Kundenbindung aktiv, indem sie Folgekäufe ihrer Kunden unter Berücksichtigung zeitlicher und ökonomischer Kriterien belohnen. Dabei liegt die Betonung auf «Konzept» und nicht isolierten «Sonderaktionen bei Stammkunden». Das Programm sollte im Rahmen einer Kundenbindungsstrategie geplant und durchgeführt werden. Ziel ist es, ein System von Belohnungen zu entwickeln, dass den Kunden motiviert, sich weitere Anerkennung verdienen zu wollen.[77]

Bonusprogramme, wie sie hier vorgestellt werden, existieren vor allem in der Dienstleistungs- und Konsumgüterbranche (Restaurants und Hotels, Fluggesellschaften, Banken, Kreditinstitute, Kinos, Handel etc.).[78] Abgesehen von kommunikativen Massnahmen können diese Unternehmen oft erst sehr spät in den Kaufentscheidungsprozess eingreifen und damit Kundenentscheidungen nur bedingt steuern. Zudem sieht sich der Kunde in isolierten Kaufsituationen einer Reihe von – aus seiner Sicht – austauschbaren Leistungsangeboten gegenüber. Integrierte Programme sollen daher die Kaufentscheidung des Kunden über mehrere Kaufsituationen und über einen langen Zeitraum hinweg aktiv beeinflussen und zudem Kaufverhalten ändern. Ein Kunde im «Key Club» des Schweizerischen Bankvereins erhält zum Beispiel Bonuspunkte, wenn er sich entscheidet, seine Bankgeschäfte über «Electronic Banking» abzuwickeln und dieses auch in einem bestimmten Zeitraum tatsächlich in Anspruch nimmt.

Bindungsprogramme müssen bestimmten Anforderungen gerecht werden, damit sie effektiv und effizient sind:

– Konzentration auf Kunden mit einer hohen Attraktivität für das Unternehmen

Begrenzte Ressourcen verlangen einen Fokus auf die Kunden, die jetzt und in Zukunft rentabel für den Anbieter sind (s. auch 2.). Auf diese Gruppe ausgerichtete Belohnungen erhöhen zudem deren Wertschätzung gegenüber dem Unternehmen und verstärken die Bindungen.

Für die Swissair sind Geschäftsreisende eine besonders lukrative Kundengruppe, weil mit ihnen mehr als die Hälfte des gesamten Umsatzes erzielt wird. Eine grosse Zahl von ihnen sind Vielflieger. Demzufolge konzentriert sich die Fluggesellschaft bei «Qualiflyer» – dem Vielfliegerprogramm der Swissair – auf diese Kernzielgruppe.

Gefahr besteht allerdings dann, wenn ein Unternehmen seine attraktive Kundengruppe zu statisch betrachtet und potentielle lukrative Kunden vernachlässigt. Aus langfristiger Sicht ist es sinnvoll, auch bei diesen Kunden frühzeitig Beziehungen aufzubauen und diese später in bestehende Programme zu integrieren. Ansätze dafür sind die speziell für Jugendliche ausgearbeiteten Angebote von Banken und Versicherungen.

– Die Belohnungen müssen von den Kunden erreichbar sein

Ein nächster wichtiger Punkt ist, dass Kunden die Belohnungen auch erreichen können. Dies hängt zum einen von Struktur und Aufbau des Programmes ab, zum anderen von dessen Verständlichkeit bzw. wie es vom Anbieter kommuniziert wird.

– Struktur und Aufbau des Programms

Das Kaufverhalten der attraktiven Kunden dient als Grundlage zur Konzeption des Programmes. Das heisst, die Kriterien für einzelne «Belohnungsniveaus», wie Kauffrequenz, Umsatzhöhe, Art der gekauften Leistungen, Zahl der Weiterempfehlungen etc. müssen so definiert werden, dass sie vom Kunden in einem angemessenen Zeitraum erreicht werden können.

Ein einfaches Rechenbeispiel bei Qualiflyer

Meilen sammeln	Meilen ausgeben (in gleicher Klasse)	Wert in %
Zürich-Berlin und zurück (820 Meilen)	20.000 bzw. 25.000 Meilen für einen Freiflug	ca. 4%
Economy Class: 820 Meilen	24,5 Hin- und Rückflüge für einen Freiflug	
Business Class: 1230 Meilen	20,5 Hin- und Rückflüge für einen Freiflug	

Meilen sammeln	Meilen ausgeben (in gleicher Klasse)	Wert in %
Zürich-Chicago und zurück (8858 Meilen)	70.000 bzw. 110.000 Meilen für einen Freiflug	ca. 12.5%
Economy Class: 8858 Meilen	8 Hin- und Rückflüge für einen Freiflug	
Business Class: 13287 Meilen	8 Hin- und Rückflüge für einen Freiflug	

Tab. 6: Meilen sammeln und Meilen ausgeben bei Qualiflyer (Beispiel).

zeigt, dass tendenziell höhere Klassen und längere Strecken belohnt werden (s. Tab. 6). Die Rechnungen berücksichtigen neben Flugklasse und Meilen allerdings noch weitere – im Beispiel nicht inbegriffene – Parameter, wie Auslastungsgrad der jeweiligen Strecke etc. Ausserdem wird hier nur von der Belohnung «Freiflug» ausgegangen. Der Wert errechnet sich als prozentualer Anteil des gesparten Geldbetrages in Relation zu den Gesamtausgaben, die bereits getätigt wurden, um den Freiflug zu erhalten.

Mittels Kooperationen werden Kunden auch zusätzliche Kaufangebote unterbreitet, die in das Belohnungssystem einfliessen. Beispielsweise können bei «Qualiflyer» Meilen mit 13 Fluggesellschaften, 3 Hotelketten und 3 Autovermietungen gesammelt werden.

– Kommunikation
Das Bonussystem muss vor allem dem Kunden klar und verständlich sein. Dadurch kann er selbst aktiv Art und Höhe seiner Belohnungen beeinflussen. Hierzu gehören Mitgliedskarten, Informationsbroschüren, Newsletter, Service- und Auskunftsdienste sowie eine regelmässige Benachrichtigung über die jeweilige Kundenposition im Bonussystem.
– Die Belohnungen müssen für den Kunden attraktiv sein
Bonusprogramme enthalten eine Kombination verschiedener Vorteile:

– preisliche Vorteile (Rabatte, Gratis- oder Sonderangebote),
– Leistungsvorteile und/oder
– beziehungsbezogene, emotionale Vorteile.

Ein Beispiel, bei dem vor allem preisliche Vorteile erfolgreich gewährt werden, ist der PRO BON, den die Mehrzahl der Mitglieder des Verbandes Pro Fachgeschäfte an ihre Kunden austeilen. Pro zehn Franken Einkaufssumme erhalten die Käufer einen Bon, den sie auf eine Sammelkarte aufkleben. Jede vollständige Sammelkarte (44 Bons) wird mit zehn Franken belohnt. Die Umsätze sind 1996 gegenüber dem Vorjahr um 6% gestiegen.[79]

Belohnungen, die an der Leistungsseite ansetzen, sind sehr vielfältiger Art. Sie können in direktem Zusammenhang mit der Kernleistung stehen (garantierte Parkmöglichkeit, besonderer Check-In-Service etc.), in Form zusätzlicher Dienstleistungen erbracht werden (Bargeldservice, Informationen über neueingetroffene Ware, Zusatzversicherung etc.) oder völlig vom eigenen Leistungsangebot getrennt sein (Karten für Musik- und Sportereignisse, spezielle Reiseangebote etc.).

Das Eingehen auf ganz persönliche Belange kann die emotionale Beziehung erhöhen. Ein Beispiel ist die monatliche Blumenlieferung an die Ehefrau des Vielfliegers im Auftrag eines Kreditkartenunternehmens.[80] Alle drei Vorteilsarten sind nicht unabhängig voneinander. So gewinnt

die emotionale Komponente neben einer persönlichen kommunikativen Ansprache auch durch ganz speziell erbrachten Service. Eine individuelle Behandlung (ohne Meilenverrechnung) erfahren beispielsweise die Mitglieder des «Swissair Travel Club». Sie allein können folgende Leistungen in Anspruch nehmen (s. Tab. 7)
Den Gesamtwert eines Programmes bestimmen insgesamt folgende Aspekte:[81]
- Wert der einzelnen Belohnungen umgerechnet in Geldeinheiten,
- Palette der Einlösemöglichkeiten und die dafür eingeräumte Zeit,
- Art der Belohnung (Rabatt, exotische Reise),
- Aufwand (zeitlicher, finanzieller), der durch die Mitgliedschaft und Inanspruchnahme der Belohnungen entsteht.

Nicht die Quantität der Leistungen ist entscheidend, sondern ein überdurchschnittlich hoher Nutzen für die anvisierte Zielgruppe.

- Das Programm ist auf die Fähigkeiten des Unternehmens abgestimmt

Bonusprogramme müssen auf die Strategien und Kompetenzen des Unternehmens ausgerichtet sein. Kunden werden auf attraktive Belohnungen verzichten, wenn sie mit der eigentlichen Leistung nicht zufrieden sind. Diese Konzepte sind hauptsächlich Anreizsysteme, damit der Kunde bei vergleichbaren Produkten das eigene Angebot über einen längeren Zeitraum bevorzugt. Dies setzt aber voraus, dass die Belohnungen ebenfalls nicht austauschbar oder von der Konkurrenz schnell imitierbar sind.

- Die Wirkung des Bindungsprogrammes muss dessen Kosten übersteigen und sich vom Wettbewerb abheben

Diese Anforderung hängt direkt mit allen anderen Punkten zusammen und entscheidet letztlich über den Erfolg des Programmes. Beispielsweise warb ein Kreditkartenunternehmen um Neukunden, indem es 10'000 Bonuspunkte versprach, welche sofort für verschiedene Leistungen (unabhängig vom eigenen Angebot) eingelöst werden konnten. Nach dem Einlösen dieser Punkte hatten die Kunden keinen Anreiz, bei diesem Unternehmen zu bleiben.[82] Derartige isolierte Aktionen, die Kunden keine klaren langfristigen Vorteile verschaffen, erzeugen «Schnäppchenjäger» und keine Kundenbindung.

Zudem sollten Programme so aufgebaut sein, dass sich die Belohnungen mit der jeweiligen Bindungsstärke und Kundenattraktivität erhöhen. Daher empfiehlt sich eine abgestufte Vorgehensweise:[83] Die Kundenpflege beginnt bei preisbezogenen Vorteilen (Stufe 1). Beispiele sind alle reinen Rabattsysteme, Gutscheine, Gratisleistungen nach dem x. Kauf etc. Allerdings sind diese Konzepte langfristig wenig erfolgreich, weil sie von der Konkurrenz schnell imitierbar sind. Erst durch Stufe 2 und 3 kann es Unternehmen gelingen, sich vom Wettbewerb zu differenzieren. In der 2. Stufe werden den Kunden

---

Serviceleistungen 1996 für Travel Club Mitglieder (Auszug)

- exklusive Telefonnummern für Reservierungen und Auskünfte; Help-Telefon
- reservierter Platz bis 48 Stunden vor Abflug
- Vorrang auf Warteliste
- Sitzwahl beim Buchen
- Gratisbenutzung von Telefax und Telefon
- Check-in am Telefon; Privilegien am Check-in
- kg mehr Freigepäck; «Fly-Gepäck» am Bahnhof gratis aufgeben
- Nutzung reservierter Lounges auf verschiedenen Flughäfen (Duschen, Arbeiten, Ausruhen etc.)

Tab. 7: Serviceleistungen 1996 für Travel Club Mitglieder (Auszug). Quelle: Serviceleistungen 1996, Travel Club.

zusätzlich leistungsbezogene und emotionale Vorteile gewährt. Individuelle Kundenansprache, regelmässiger Kontakt zwischen Anbieter und Kunde, Aufbau wechselseitigen Vertrauens und eine kooperative, entgegenkommende Haltung gehören genauso dazu wie zusätzliche Serviceleistungen. Mit steigender Attraktivität können in der Stufe 3 noch zusätzlich strukturelle Bindungen (z.B. gemeinsames Datenübertragungssystem) geschaffen werden. Art und Ausmass der in den vorigen Stufen gewährten Vorteile erhöhen sich ebenfalls.

Unternehmen sollten ausserdem die positiven Sekundäreffekte nutzen, die sich bei der Durchführung des Bindungsprogrammes ergeben. Beispielsweise konnte Swissair sowohl mit Hilfe der Informationen aus dem Anmeldeformular für das Vielfliegerprogramm als auch durch die Identifikation des Kunden mit seiner Kundenkarte eine fundierte und aussagekräftige Datenbasis aufbauen. Unter Beachtung des Datenschutzes sind damit zum einen zielgruppengerechte Marketingaktivitäten möglich, z.B. eine individuelle Kundenansprache, die Information über spezielle Freizeit- und Kulturveranstaltungen oder andere Sonderangebote. Zum anderen werden regelmässig ökonomische (z.B. Umsätze, Marktanteil) und vorökonomische Grössen (z.B. Zufriedenheit) ausgewertet.

– Kooperationen mit anderen Firmen
Wenn Firmen beispielsweise dieselben Kunden ansprechen, können Bonusprogramme mit Hilfe von Partnerschaften noch besser erfüllt werden. Kunden haben die Möglichkeit, durch Inanspruchnahme verschiedener Leistungen mehrerer Anbieter Bonuspunkte zu erhalten und profitieren von einer höheren Belohnungsvielfalt. Swissair kooperierte zum Beispiel 1996 mit folgenden Firmen (s. Tab. 8):

	Kooperationspartner 1996
Fluggesellschaften	Air Canada; All Nippon Airways Ansett Australia; Austrian Airlines; Cathay Pacific; Crossair; Delta Airlines; Malaysia Airlines; Sabena; Singapore Airlines; Tyrolean Airways
Autovermietung	Avis; Europcar Interrent; Hertz
Hotels	ANA Hotels; Hilton; Holiday-Inn Worldwide Intercontinental; Shangri-La Hotels; Swissôtel;
Kreditkarten	American Express; Diner's Club; Eurocard
Telefonkarten	Swiss Telecom; Global One

Tab. 8: Kooperationspartner innerhalb des Qualiflyer Programms 1996.

4. CONTROLLING UND ORGANISATION

4.1 Messung der Kundenbindung

Die Operationalisierung der Kundenbindung bereitet ähnliche Schwierigkeiten wie die Ermittlung des Kundenwerts (s. 2.). Kundenbindung sollte durch Grössen abgebildet werden, die das bisherige Kauf- und Weiterempfehlungs*verhalten* sowie die zukünftigen Wiederkauf-, Zusatzkauf und Weiterempfehlungsabsichten eines Kunden erfassen und charakterisieren. Neben den *direkt* ermittelbaren Absichten der Kunden lässt sich zudem die Wahrscheinlichkeit von Folgekäufen durch die Analyse sogenannter «Vorläufer» des zukünftigen Verhaltens näher bestimmen. Tabellen 9 und 9a geben einen strukturierten Überblick der Messgrössen.[1]

Verhaltensorientierte Messgrössen:
Diese Messgrössen setzen am tatsächlichen Kaufverhalten an und sind in der Regel quantitativer Art. Allerdings hängt ihre Aussagefähigkeit davon ab, wie sie an branchen- oder kundenübliche Verhaltensmuster angepasst werden. Für Güter mit längeren Kaufzyklen (z.B. Autos, Kühlschränke) sind Kenngrössen, wie z.B. Wiederkaufrate weniger geeignet als für Waren des täglichen Bedarfs. Cross-Selling-Raten sind nur dann sinnvoll, wenn ein entsprechend breites Leistungsprogramm angeboten wird.

Messgrössen für Verhaltens*absichten*:
Der Erhebungsaufwand dieser Messgrössen ist insbesondere in anonymen Märkten sehr hoch, obwohl erst mit diesen Indikatoren die zukünftigen Austauschprozesse – und damit der Erfolg von Kundenbindung – näher definiert werden können. Allerdings ist die Validität direkt erfragter Kaufabsichten oft zweifelhaft, da Absichten und tatsächliches Kundenverhalten nicht übereinstimmen müssen.

Es ist empfehlenswert, sogenannte «Vorläufer» des loyalen Kundenverhaltens zu berücksichtigen. Bei diesen Grössen besteht die Annahme, dass sie positiv mit der Kundenbindung korrelieren. Der bekannteste Indikator in diesem Zusammenhang ist die Kundenzufriedenheit. Hier zeigt sich deutlich die Komplexität der Operationalisierung der Kundenbindung, da zum einen Zufriedenheit nicht unweigerlich zur Bindung führen muss (s. 3.1.2, S. 28 ff.), zum anderen Kundenzufriedenheit und ihre Messung bereits vielschichtigen Einflussgrössen unterliegt. Einige «Vorläufer», vor allem faktische Bindungen, können leichter in Kosten-Nutzen-Dimensionen erfasst werden. Andere sind rein qualitativer Art und sehr subjektiv. Wer kann zum Beispiel genau feststellen, wie stark persönliche Beziehungen auf die Kundenbindung einwirken oder wie gross das Vertrauen zum Anbieter ist? Aus quantifizierbaren, ökonomischen

Verhaltensorientierte Messgrössen (vergangenheitsbezogen)	Messgrössen für Verhaltens*absichten* (zukunftsbezogen)	
	direkt ermittelte Absichten der Kunden	**indirekt ermittelte Absichten der Kunden**
• relative Kaufintensität bzw. Wiederkaufrate • relative Zeitdauer seit letztem Kauf • relative Anzahl der Kundenkontakte • Kundendurchdringungsrate, (share of wallet) • Kundenabwanderungsrate • durchschnittliche Dauer einer Kundenbeziehung	• Wiederkaufabsicht • Weiterempfehlungsabsicht • Zusatzkaufabsicht	zu den «Vorläufern» siehe **Tabelle 9a**

Tab. 9: Messgrössen der Kundenbindung (Beispiele).

1. bezogen auf Beziehung Anbieter – Kunde		
Bindungsebenen	**Beispiele**	
	psychologische Bindungen	**faktische Bindungen**
Bindungen auf Personenebene	Zufriedenheit, Vertrauen, Qualität der persönlichen Beziehungen	
Bindungen auf Leistungsebene	• Kundenzufriedenheit • Vertrauen in die Leistung • Beschwerdezufriedenheit	**ökonomische/technologische Bindungen** • Systembindungen • Just-in-Time-Systeme • Computerized Buying • andere spezifische Investitionen • Rabattsysteme **vertragliche Bindungen** (Art, Dauer, Umfang) • Exlusiv- oder Rahmenverträge • Serviceverträge • gemeinsame F&E-Projekte • Lizenzen
Bindungen auf Organisationsebene		• Kapitalbeteiligungen • Mandate in Aufsichtsgremien

2. bezogen auf Alternativen
Zahl und Bewertung der Alternativen (aus Kundensicht), d.h. aktuelle und potentielle Konkurrenzangebote

Tab. 9a: Indirekt ermittelte Verhaltensabsichten der Kunden als «Vorläufer» der Kundenbindung.

Grössen können Unternehmen ermitteln, ob ihre derzeitigen Aufwendungen zur Kundenbindung optimal sind. Ausgangspunkt ist dabei die Annahme, dass durch intensive Kundenbindungsmassnahmen zuerst die Kundenrentabilität steigt (Kosten sinken, Umsätze steigen). Ab einem gewissen Punkt lassen sich aber keine Wertzuwächse mehr verbuchen, da – vereinfacht – bei einem Minimum an Kosten keine höheren oder häufigeren Umsätze mehr erzielbar sind oder zusätzliche Kosten der Kundenbindung (z.B. durch Individualisierung) entstehen. Der Kundenwert nimmt ab. Das Optimum der Ausgaben liegt dort, wo der (ökonomische) Kundenwert am höchsten ist.[2]

Einen weiteren Ansatz zeigt die folgende Gleichung, die – ähnlich anderer üblicher Rentabilitätsgrössen – das Verhältnis von Kundendeckungsbeitrag eines Kunden(-segments) zum finanziellem Aufwand bewertet:[3]

zeitpunktbezogen:
$$\text{Rentabilität}_K = \frac{DB_K}{K_{inv.}}$$

zeitraumbezogen:
$$\triangle \text{Rentabilität}_K = \frac{\triangle DB_K}{\triangle K_{inv.}}$$

Rentabilität_K = Kundenrentabilität
DB_K = Kundendeckungsbeitrag
$K_{inv.}$ = Kundeninvestment
Δ = Veränderung

4.2 Mitarbeiter, Systeme und Strukturen

Kundenbindung setzt Kundennähe voraus. Die internen Treiber der Kundennähe und gleichzeitig die häufigsten Barrieren sind einerseits das Engagement der Führungskräfte und Mitarbeiter, andererseits Ablauf und Gestaltung der Prozesse, Systeme und Strukturen im Unternehmen.

Beispiele personeller und struktureller Widerstände zeigt Tabelle 10.

Eine *Mitarbeiterentwicklung* setzt an folgenden Punkten an, die letztlich die Kundenorientierung fördern (s. Abb. 30).

Ein permanentes und umfassendes Training der Mitarbeiter erhöht deren *fachliche und soziale Kompetenz*. Neben den erforderlichen Sachkenntnissen sind genauso zwischenmenschliche Verhaltensweisen zu vermitteln. Sachkenntnisse beziehen sich nicht nur auf den spezifischen Tätigkeitsbereich der einzelnen Mitarbeiter. Diese sollten die Gesamtprozesse im Unternehmen kennen und verstehen. Hierbei sind nicht nur die Mitarbeiter an der Kundenfront angespro-

Personen	Systeme und Strukturen
Widerstände durch ...	Widerstände durch ...
• fehlende Fach und Sozialkompetenz • Machtkämpfe zwischen Personen oder Abteilungen • Angst vor Neuerungen, Veränderungen und Verantwortungsübernahme • Die «falsche Chemie» zwischen Personen • das Verfolgen ausschliesslich eigener Interessen • andere	• EDV-Strukuren und Systeme • lange Kommunikations- und Entscheidungswege und Hierarchien als Informationsfilter • mangelnde Entscheidungskompetenz der Mitarbeiter; unklare Rollendefinition • produktorientierte statt marktorientierte Struktur • fehlende Anreize für Kundenorientierung • fehlende Standards und Messsysteme • andere

Tab. 10: Barrieren der Kundenorientierung (Beispiele). Quelle: in Anlehnung an Plinke 1996, S. 49 ff.; o.V. 1995, S. 31 f.

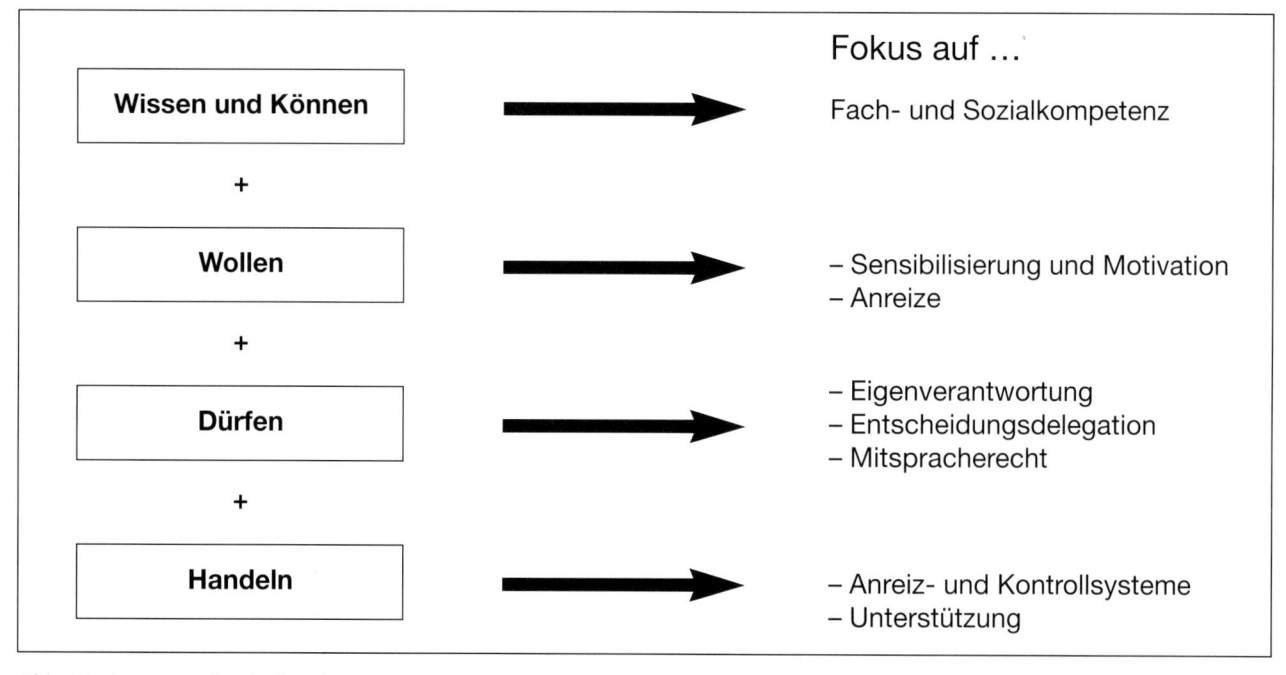

	Fokus auf ...
Wissen und Können	Fach- und Sozialkompetenz
+	
Wollen	– Sensibilisierung und Motivation – Anreize
+	
Dürfen	– Eigenverantwortung – Entscheidungsdelegation – Mitspracherecht
+	
Handeln	– Anreiz- und Kontrollsysteme – Unterstützung

Abb. 30: Ansatzpunkte für kundenorientiertes Mitarbeiterverhalten. Quelle: interne Unterlagen FAH-HSG.

chen. Sämtliche Führungskräfte der Aral AG arbeiteten beispielsweise drei Tage an einer Aral-Tankstelle.[4] Soziale Kompetenz wird insbesondere durch das Vorleben anderer Unternehmensmitglieder und den Umgang miteinander beeinflusst.

Materielle und immaterielle Anreize dienen dazu, die *Mitarbeitermotivation* zu erhöhen. Erfolgsbeteiligte Einkommensregelungen, ein abwechslungsreiches, aber klar abgegrenztes Arbeitsspektrum und Mitspracherecht gehören ebenso dazu wie beispielsweise modifizierte Mitarbeiterbeurteilungssysteme (nach Kriterien wie Eigeninitiative und Teamgeist).[5]

«Dürfen» und letztlich auch «Handeln» sind vor allem von bestehenden *Strukturen und Systemen* abhängig (s. Tab. 10). Sie stellen oft die stärkste Barriere der Kundenorientierung dar.[6] Je unterschiedlicher die einzelnen Kunden(-segmente) bzw. je intensiver die Kundenintegration, desto flexibler muss die Anbieterorganisation beschaffen sein. Dies gilt insbesondere für die Leistungsprogramme, -erstellungsprozesse und die im Unternehmen tätigen Menschen. Der Fokus auf den Kundenwert hebt ein *Kundenmanagement* gegenüber einem Produkt- oder Markenmanagement hervor. Marken sind ein Magnet, um Kunden zu gewinnen und ein Anker, um Kunden zu binden. Sie sind jedoch nicht wichtiger als die Kunden selbst.[7] Auch sollte man berücksichtigen, dass Kundenakquisition (Lokalisieren und Gewinnen neuer Kunden) und Kundenbindung unterschiedliche Aufgaben sind. Getrennte Budgets und Marketingteams haben sich bereits in einigen Unternehmen bewährt.[8]

Anreizsysteme müssen entsprechend angepasst werden. Nicht nur die reine Abschlussorientierung, sondern die langfristige Kundenbindung, d.h. die Erhöhung des Kundenwerts dienen als Erfolgsgrössen. Voraussetzung ist eine detaillierte Vorgabe von Zielen, z.B. zeitbezogene Umsatz- oder Marktanteilsentwicklungen bei bestehenden Kunden. *Kommunikationssysteme* garantieren einen schnellen, direkten, bereichsübergreifenden und konfliktfähigen Informationsaustausch innerhalb des Unternehmens und zwischen Anbieter und Kunde. Das Prinzip der Kundenorientierung ist zunehmend auch auf *«interne Kunden»* zu übertragen.

Besondere Ansprüche bestehen an die *Führungskräfte:* «Hilfe statt Macht» muss ihr Verhalten bestimmen. Diesem entspricht auch eine quasi umgedrehte Hierarchiepyramide, in der die Mitarbeiter an der Front mit Macht und Verantwortung ausgestattet werden.[9]

4.3 Datenbanken

Eine zunehmend kundenindividuelle Ausrichtung der Unternehmen in Verbindung mit gleichzeitig anwachsender Heterogenität der Kundenbedürfnisse erzeugt einen nahezu unüberschaubaren Bedarf an Kundeninformationen. Mittels Datenbanken sollen für jeden einzelnen Kunden bzw. jedes einzelne Kundensegment all die Informationen gespeichert werden, mit denen es möglich ist, die «richtigen» Kunden zum «richtigen» Zeitpunkt mit den «richtigen» Massnahmen in effizienter Art und Weise anzusprechen. Die Ansprache bezieht sich nicht allein auf eine individuelle Kommunikation mittels bestimmter Medien (Direct Marketing), sondern auf das gesamte Leistungsspektrum des Anbieters (z.B. individualisierte Leistungserstellung).

Neben der effektiven Kundenbearbeitung ermöglichen derartige Informationssysteme auch eine verbesserte Zusammenarbeit zwischen Abteilungen und Unternehmensbereichen, zum Beispiel durch allgemeinen Zugriff auf Knowhow, eine schnellere Kommunikation oder detailliertere Planung. Zudem bilden sie die Basis kundenorientierter Anreizsysteme für die Mitarbeiter (z.B. nach Kundendeckungsbeitrag).

Die Beschaffung von Kundeninformationen setzt ein integriertes Konzept der Informationsgewinnung voraus. Interne und externe Datenquellen sind dabei zu nutzen (s. Tab. 11). Kundendatenbanken sollten insbesondere Daten der Stammkunden enthalten. Daneben ist es aber auch von Interesse, Informationen über mögliche neue Kunden zu beschaffen. Andere Kundenkategorien sind Erst- und Wiederholungskäufer.

Es kann weiterhin zwischen Grund-, Potential-, Aktions- und Reaktionsdaten unterschieden werden. Tabelle 12 zeigt eine Übersicht des

Interne Datenquellen	Externe Datenquellen

1. Berichte und Statistiken
   • Kundendienst-, Aussendienstberichte
   • Anfragen und Angebotsstatistik
   • Auftragseingangs- und Auftragsbestandsstatistik
   • Kundenstatistik
   • Lob- und Beschwerdestatistik
2. Kauf-, Kreditverträge, Antragsformulare
3. Bestellformulare, Garantiekarten
4. Kostenrechnung
5. Mitarbeiter
6. Automatische Generierung von Informationen aus der Kundendatenbank
   • Analogievergleiche
   • Adressenanalyse
   • Kaufverhalten
   • Reaktionsverhalten
	1. Allgemeine amtliche Statistik
	2. Sonstige amtliche Quellen
	3. Wirtschaftsorganisationen und -verbände
	4. Wirtschaftswissenschaftliche Institute
	5. Nachschlagewerke
	6. Fachliteratur und Fachzeitschriften
	7. Zeitungen und Zeitschriften
	8. Externe Datenbanken
	9. Externe Untersuchungen, Kundenbefragungen
	10. Sonstige Informationsquellen (z.B. Kundeninformationen über Responceanzeigen, Gewinnspiele)

Tab. 11: Beispiele interner und externer Datenquellen. Quelle: in Anlehnung an Schulz 1995, S. 31; 38.

Informationsspektrums von Kundendatenbanken mit Beispielen.

Der Nutzen von Kundendatenbanken hängt von ihrem Informationsgehalt und der Informationsverarbeitung ab. Beide Kriterien werden von verschiedenen Faktoren beeinflusst (s. Tab. 13). Innerhalb eines Unternehmens sollten alle Bereiche auf eine einzige Datenbank zugreifen können. Ein einheitliches Erfassen der Daten erhöht deren Präzision, Konsistenz und allgemeine Verfügbarkeit. Eine sinnvolle und präzise Deskribierung ermöglicht zudem eine Vernüpfung der Daten je nach Selektionskriterium.

Die Entscheidung, welche Arten von Informationen gespeichert werden sollen, beeinflusst Relevanz und Umfang der Daten. Je detaillierter die Informationen, desto individueller ist die Kundenbearbeitung, desto weniger können jedoch Datensätze miteinander verglichen werden.

Zur Pflege der Datenbank sollte jede Kundenadresse einen Eigentümer besitzen, der sich für die Aktualität und Vollständigkeit der Informationen verantwortlich fühlt und persönlich Änderungen vornehmen kann. Zudem ist der Zugriff auf dem eigenen PC und die Integrierbarkeit in tägliche Anwendungen absolute Voraussetzung, weil andernfalls die Nutzung der Datenbank deutlich abnimmt. Die Nutzerfreundlichkeit bedingt eine einfache Sprache und Bedienung. Die Einrichtung einer umfassenden Kundendatenbank ist oft sehr kosten- und zeitintensiv. Dies ist ein Grund, warum einige Unternehmen Datenbanken und deren Einsatzpotential eher skeptisch gegenüberstehen.[11] Des weiteren unterliegt die Datennutzung rechtlichen Beschränkungen.[12] Eine zunehmende Sensibilisierung der Bevölkerung und Organisationen gegenüber dem Thema Database Marketing, insbesondere Direct Mail, ist ebenfalls erkennbar.[13]

Datenart	Informationen über...	Beispiele
Grunddaten	längerfristig gleichbleibende und weitgehend produktunabhängige Kundendaten	• Name, Adresse, Bankverbindung • Personen: Alter, Geschlecht, Beruf, Ausbildungsabschluss • Unternehmen: Branche, Mitarbeiterzahl, Umsatz, Bonität, Rechtsform, obere Führungskräfte, Unternehmensverflechtungen, Mitglieder des Buying Center
Potential-daten	produktgruppen- und zeitpunktbezogende Anhaltspunkte für kundenindividuelles Nachfragevolumen	• bisherige eigene Lieferungen, eigene kundenbezogene Marktanteile • voraussichtliche Restnutzungsdauer oder Vertragsdauer bzw. Termine für Wiederaufnahme des Kontaktes • Ausstattungsmerkmale und Pläne der jeweiligen Kunden; andere strukturelle oder betriebliche Änderungen • demographische Einzeldaten, um Eintritt in einen neuen Lebensabschnitt mitzuverfolgen (Schule, Lehre, Beruf, Rente etc.)
Aktions-daten	kundenbezogene Massnahmen bezogen auf Art, Intensität, Häufigkeit und Zeitpunkt, Kosten	• Werbebriefe; Katalog- und Prospektzusendungen; Telefonaktionen, Vertreterbesuche • konkrete Angebotserstellung • Nachlieferungen, Reparaturen
Reaktions-daten	Verhaltensweisen der Kunden	• vorökonomische Erfolgsgrössen; Kaufverhalten (Kundenanfragen; Kundeneinstellungen/-kenntnisse bzgl. Leistungen und Unternehmen; Einkaufs- und Nutzungshäufigkeit; Nutzung von Sonderangeboten; Zahlungsverhalten, Reklamationen; Weiterempfehlungen, Gründe für Angebotsablehnung)[10] • ökonomische Erfolgsgrössen (Umsatz, Deckungsbeitrag, Auftragserteilung)

Tab. 12: Informationsspektrum einer Kundendatenbank. Quelle: in Anlehnung an Link/Hildebrand 1993, S. 34 ff.

Informationsgehalt	Informationsverarbeitung

• Umfang der Datenbank (Anzahl der Datensätze und Datenfelder)
• Vollständigkeit der Daten
• Präzision und Konsistenz der Daten
• Aktualität der Daten
• Relevanz der Daten
• Verknüpfung der Daten
	• Nutzung der Datenbank
	  – Verfügbarkeit und Zugriff
	  – Bereitschaft zur Nutzung (Nutzerfreundlichkeit, Informationsgehalt, Einstellung der Nutzer)
	• Datenbank
	  – Integration des Systems in den Arbeitsablauf
	  – Performance (Verarbeitungsgeschwindigkeit, technische Möglichkeiten)

Tab. 13: Informationsgehalt und Informationsverarbeitung. Quelle: in Anlehnung an Reinecke 1993.

ENTSCHEIDUNGSHILFEN ZUR KUNDENBINDUNG

Knappe Unternehmensressourcen verlangen von Führungskräften, Prioritäten zu setzen. Infolge einer ausgeprägten Komplexität vieler Entscheidungsprozesse unter hohem Zeitdruck ist es oft schwierig, trotzdem systematisch und umfassend vorzugehen. Das nachfolgende Kapitel soll dafür Denk- und Entscheidungshilfen geben. Es greift die vorhergehenden Inhalte auf bzw. verweist auf die entsprechenden Kapitel.

I. Relevanz der Kundenbindung für das eigene Unternehmen

1. Überprüfen Sie, ob langfristige Geschäftsbeziehungen und Kundenbindung für Ihr Unternehmen sinnvoll sind. Lesen Sie dazu Abschnitt 1.1: Warum ist Kundenbindung bedeutend? Können Sie derartige Veränderungen im Kaufverhalten Ihrer Kunden bezüglich der Leistungsanforderungen sowie Ihrer Wettbewerber ebenfalls beobachten?

Weitere Faktoren, die die Relevanz der Kundenbindung erhöhen, sind:
- überdurchschnittlich hoher Verlust von Kunden im Verhältnis zum Branchendurchschnitt oder in vergleichbaren Märkten;
- höhere Akquisitionskosten als die Kosten der Pflege bestehender Kunden;
- schwer vom Kunden erkennbare Leistungsvorteile gegenüber den Konkurrenzprodukten;
- Angebot von Leistungen, die verhältnismässig oft nachgefragt werden, bei denen Sie aber nur einen geringen dirckten Einfluss auf die Kaufentscheidung ausüben können;
- Angebot von Leistungen, die komplexe Austauschbeziehungen und intensive Zusammenarbeit mit den Kunden erfordern;
- Kundenbindung ist für die Konkurrenz «ein Thema»;
- gesättigte Märkte, in denen vorrangig Verdrängungswettbewerb herrscht;
- «echte» Wettbewerbsvorteile sind nur von kurzer Dauer.

2. Kundenbindung kann sich sowohl positiv als auch negativ auf Anbieter und Kunden auswirken; siehe Wirkungseffekte der Kundenbindung im Kapitel 1.1. Welche Chancen und Gefahren sehen Sie für das eigene Unternehmen? Sind Ihnen bereits Erfolgs- oder auch Misserfolgsbeispiele bekannt?

II. Welche Kunden sollen gebunden werden?

1. Bewerten Sie kritisch, welche Kenngrössen Ihnen zur Beurteilung Ihrer Kunden zur Verfügung stehen, und diskutieren Sie die Relevanz der in Kapitel 2.1 genannten Bewertungskriterien.

2. Welche Analysen aus Kapitel 2.2 nutzen Sie bereits, um – etwas überspitzt formuliert – die 20% Kunden zu ermitteln, welche für zirka 80% Ihres Erfolges verantwortlich sind?

3. Konzentrieren Sie sich auf die Kunden, welche heute, aber auch noch morgen eine hohe Kundenattraktivität aufweisen. Grenzen Sie Kunden, die Sie nicht binden wollen, bewusst aus. Bestimmen Sie die Attraktivität zuerst mit den Methoden aus Kapitel 2.2.1, bei denen Sie sich auf vorhandene ökonomische Grössen konzentrieren können (z.B. ABC-Analyse, Lifetime Value). Je besser Sie Ihre Kunden kennen und deren zukünftiges Verhalten einschätzen können, desto eher werden Sie auch qualitative und vorökonomische Grössen zur Beurteilung heranziehen (s. 2.2.2 «Kombination ökonomischer und vorökonomischer Grössen», S. 20 ff.).

III. Die Kunden richtig binden

Um zu erkennen, welche Kundenbindungsmassnahmen erfolgversprechend sind, müssen Sie den Wirkungsrahmen der Kundenbindung (s. Abb. 5 und 6) umfassend analysieren. Zwei Fragen stehen dabei im Vordergrund, die Sie möglichst *aus Kundensicht* beantworten sollten:

1. Welche *psychologischen und faktischen Bindungen* existieren bereits zwischen dem eigenen Unternehmen und dem relevanten Kunden(-segment)? Gibt es noch ungenutzte oder verbesserungswürdige Bindungspotentiale?

Zum einen können Sie die drei Bindungsebenen einzeln analysieren, die in Kapitel 1.3, S. 15 f. vorgestellt wurden. Beispiele finden Sie auch in Tabelle 9a, S. 53 im Kapitel 4.1 «Messung der Kundenbindung». Weitere Beispiele sind:

- sie grosses Vertrauen in die Kompetenz unserer Mitarbeiter entwickelt haben;
- sie bis zum bestimmten Zeitpunkt vertraglich gebunden sind;
- sie Investitionen (z.B. in Technologie, Maschinen, Personal, Standort) getätigt haben, die sich bei einem Wechsel noch nicht amortisiert haben;
- ihnen bestimmte Belohnungen (Rabatte, Boni u.a.) entgehen würden;

a) Personenebene
– persönliche Kundenkontakte (Intensität, Kontinuität, Zeitdauer; Hierarchieebene; Anlässe); – Kommunikationsstil; – Kundenvorteile durch individuelle und persönliche Betreuung
b) Leistungsebene – bezogen auf die angebotene Leistung
– Leistungsvorteile bei der Kernleistung oder bei Zusatzleistungen (z.B. Ersatzteile und anderer Zubehör) – Servicevorteile (z.B. in der Reparatur oder Wartung) – Zeitvorteile – Flexibilitätsvorteile – Vorteile durch weitere Nutzungsmöglichkeiten der Leistungen – preisliche Vorteile (z.B. Rabatte) – Kostenvorteile (z.B. Rationalisierungspotentiale) – kompatible Leistungen – vertragliche Bindungen
c) Organisationsebene – angebotsübergreifend (v.a. im Business-to-Business-Bereich)
– Kapitalbeteiligungen – gemeinsame Projektteams – Datenabruf- oder -übertragungssysteme – bestehende Standards; gemeinsam genutzte Technologien, – Vorteile durch Zusammenarbeit (Mitarbeit in Kundenforen, gemeinsame Produktion)

Neben den Bindungsebenen können Sie ausserdem die *Bindungsarten* untersuchen. Sie sind in Kapitel 3.1, S. 24 ff. beschrieben. Die zentrale Frage lautet: «Warum kann oder möchte unser Kunde nicht zur Konkurrenz wechseln?» Prüfen Sie, inwiefern die folgenden Statements auf Ihre Kundenbeziehung(en) zutreffen. Ergänzen Sie diese Liste, und beurteilen Sie die Stärke und Dauer der einzelnen Ursachen.

Kunden wollen bzw. können nicht wechseln, weil:
- sie überaus zufrieden mit dem Leistungsangebot und der Zusammenarbeit sind;

- sie mit Sanktionen rechnen müssten (Reputation, Image, Vertragsstrafe, Austrittsgebühren).

2. Stehen dem Kunden – aus seiner Sicht – «bessere» *Alternativen* zur Verfügung? Wenn ja, warum?

Untersuchen Sie, ob aus Kundensicht alternative Angebote jetzt oder in naher Zukunft bestehen. Was sind dort die ausschlaggebenden Kriterien, welche zu einem Wechsel führen können?

3. Wie hoch sind die *Wechselbarrieren* Ihrer relevanten Kunden? Sie ergeben sich aus der Stärke

der Bindungen in der bestehenden Beziehung (Frage III/1.), aus der Attraktivität der bestehenden Alternativen (Frage III/2.) sowie den zusätzlichen Kosten, die ein Wechsel verursacht (s. 1.2: Begriff und Wirkungsrahmen der Kundenbindung, S. 14 f.).

4. Welche der bestehenden Bindungsarten haben aus Kundensicht den stärksten Einfluss auf den Fortbestand der Beziehung?
Auch Gegenfragen können Ihnen bei der Beantwortung helfen:

– Wie viele Kunden verliert Ihr Unternehmen und warum?
– Wie viele Kunden beschweren sich und warum?

5. Kapitel 3 enthält zahlreiche Gestaltungshinweise. Je nachdem, welche relevanten Bindungen Sie erkennen oder wo Bindungspotentiale noch ungenutzt sind, können Sie in die entprechenden Unterkapitel einsteigen. Folgende Problembereiche dienen als Beispiel:

Problembereiche (Beispiele)	**Kapitel**
• geringe oder fehlende Kundenzufriedenheit; Unzufriedenheit • Fluktuation trotz Zufriedenheit	Kap. 3.1.2: Kundenzufriedenheit Kap. 3.2.4: Beschwerdemanagement
• fehlendes bzw. schwach ausgeprägtes Kundenvertrauen • Angebot von Leistungen mit hohem Anteil an Vertrauenseigenschaften	Kap. 3.1.3: Vertrauen
• auswechselbare Produkte, wachsende Ansprüche mächtiger Kunden und intensiver Preiswettbewerb • vielfältiges Leistungsangebot, das vom Kunden zum Teil nicht honoriert wird	Kap. 3.2.2: Leistungssysteme
• neue Arbeitsteilung zwischen Kunde und Anbieter, veränderte Wertschöpfungsprozesse zwischen Marktpartnern • direkte Zusammenarbeit mit Kunden	Kap. 3.2.3: Kundenintegration
• fehlende Kundeninformationen • unregelmässige und unpersönliche Kontakte, • kein Kundenfeedback	Kap. 3.2.4: Beschwerdemanagement Kap. 3.2.5: Kontakte/Kommunikation
• keine wirtschaftlichen Vorteile, längerfristig beim Unternehmen zu bleiben	Kap. 3.1.1: Faktische Bindungen, insb. Abb. 11–13, S. 24–26
• keine wirtschaftlichen Vorteile, längerfristig beim Unternehmen zu bleiben, sowie fehlende Belohnung der Kundentreue v.a. bei Konsumgütern und Dienstleistungen	Kap. 3.1.1: Faktische Bindungen, insb. Abb. 11–13, S. 24–26 Kap. 3.2.6: Bonusprogramme

IV. Controlling und Organisation

1. Bewerten Sie kritisch, welche Kenngrössen Sie bereits nutzen, um Kundenbindung und deren Auswirkungen für das Unternehmen zu messen und zu beurteilen. Diskutieren Sie die Relevanz der in Kapitel 4.1 genannten Kenngrössen.

2. Welche personellen und strukturellen Widerstände in Ihrem Unternehmen verhindern, auf Kundenwünsche genau, schnell und flexibel einzugehen? Nehmen Sie die Beispiele in Kapitel 4.2 (insbesondere Tab. 10; Abb. 30, S. 54), und beziehen Sie diese auf Ihr Unternehmen.

3. Welche internen und externen Datenquellen nutzen Sie im Unternehmen, um Kundeninformationen zu gewinnen und zu verarbeiten? (siehe auch Tabelle 11, S. 56.) Besitzt Ihr Unternehmen bereits eine Kundendatenbank? Wenn ja, beurteilen Sie deren Qualität bezüglich des Inhalts, des Umfangs, der Aktualität und der Nutzerfreundlichkeit. Anregungen dazu enthält Kapitel 4.3, S. 55 f.

Viel Erfolg!

ANMERKUNGEN

Überblick

1   Siehe auch Levitt 1983.
2   Vgl. Hansen/Jeschke 1992, S. 88 ff.
3   Vgl. z.B. Jones /Sasser 1995, S. 91 ff.
4   Vgl. Diller 1995a, Sp. 1363 ff.

Kapitel 1

1   Vgl. im folgenden Beinlich 1995, S. 3 ff.; Peter/Schneider 1994, S. 7.
2   Vgl. Szallies 1996, S. 98.
3   Vgl. Szallies 1996, S. 94.
4   Vgl. Szallies 1996, S. 100; Simon/Butscher 1997, S. 47.
5   Vgl. Diller 1995b, S. 33 ff.
6   Vgl. Reichheld/Sasser 1990, S. 106 ff.
7   Vgl. Müller/Riesenbeck 1991, S. 69.
8   Vgl. Meyer/Dornach 1995, S. 434.
9   Vgl. Müller/Riesenbeck 1991, S. 69.
10 Vgl. MacDonald 1996, S. 97 ff.
11 Siehe z.B. Engelhardt/Freiling 1996.
12 Vgl. Reinecke 1996, S. 121 ff.
13 Vgl. z.B. Klemperer 1987; S. 375 ff.; Plinke 1997, S. 44 ff.
14 Vgl. auch Diller/Kusterer 1988; Diller 1995b.
15 Siehe auch Reinecke 1996. S. 33 ff.
16 Vgl. Preß 1997, S. 84 f.; Weiber 1997, S. 325 ff.

Kapitel 2

1   Vgl. z.B. Scheiter/Binder 1992, S. 17 ff.
2   Vgl. Cornelsen 1996, S. 3; Cespedes 1995, S. 189 ff.
3   Vgl. Plinke 1989, S. 317; Schulz 1995, S. 103-119 und die dort zitierte Literatur
4   Siehe z.B. Schütze 1992 und die zitierte Literatur.
5   Vgl. Cornelsen 1996, S. 16.
6   Vgl. Schulz 1995; S. 270 ff.
7   Vgl. Schulz 1995, S. 208.
8   Vgl. Schulz 1995, S. 126 ff.; Plinke 1995; Sp. 1335 ff. und die dort zitierte Literatur.
9   Für weitere Kriterienkataloge siehe z.B. Schulz 1995, S. 136 ff.
10 Vgl. hier und im folgenden Plinke 1989, S. 316 ff.
11 Vgl. z.B. Wackman/Salmon/Salmon 1986; Dwyer/Schurr/Oh 1987; Diller/Lücking/Prechtel 1992; Larson 1992.
12 Vgl. z.B. Debruicker/Summe 1985 oder die empirische Studie von Wackman/Salmon/Salmon 1986.
13 Vgl. Link 1995.
14 Vgl. Kestnbaum 1992, S. 589.
15 Zur Kritik an RFM-Modellen siehe z.B. Schulz 1995, S. 149 ff.

Kapitel 3

1   Vgl. Weiber 1997, S. 280 ff.
2   Vgl. Weigand 1991, S. 29
3   Vgl. z.B. Backhaus/Aufderheide/Späth 1994; Reinecke 1996.
4   Vgl. auch Spremann 1988, S. 613 ff.; Preß 1997, S. 96 ff.; Reinecke 1996; S. 130 ff.
5   Siehe auch Plötner 1995; S. 31 ff.; Plötner/Jacob 1996 und die dort zitierte Literatur.
6   Siehe auch Burmann 1991; Müller/Riesenbeck 1991; Esch/Billen 1994, S. 409 ff.
7   Vgl. Davidow/Uttal 1991; S. 24 f.
8   Vgl. Bruhn 1985, S. 300 f.
9   Vgl. Schütze 1992; S. 3 ff., 247 ff.; Meyer/Dornach 1994, S. 27 f. Siehe auch Esch 1994, S. 410 ff.
10 Vgl. Töpfer 1995, S. 554.
11 Vgl. Jones/Sasser 1995, S. 91 ff.; Stauss 1997.
12 Siehe auch Jones/Sasser 1995, S. 91 ff.; Stauss 1997.
13 Vgl. Schwertfeger 1997, S. 17.

14 Vgl. hier und im folgenden Stauss 1997. Mögliche Ursachen für (vermeintliche) Kundenloyalität trotz Unzufriedenheit werden hier nicht behandelt.
15 Vgl. Stauss/Neuhaus 1995.
16 Siehe die Auswertungen in Bänsch 1995.
17 Vgl. Bänsch 1995, S. 351 ff. und die dort zitierte Literatur.
18 Vgl. Stauss 1997.
19 Vgl. Stauss/Seidel 1996, S. 21 ff.
20 Vgl. Müller/Reisenbeck 1991, S. 72.
21 Vgl. zur Bonsen 1991, S. 16 ff.
22 Vgl. Bauer 1967; Cox 1967; Cunningham 1967.
23 Siehe z.B. Kuß 1991, S. 30 ff.
24 Vgl. Nelson 1970; Darby/Karni 1973; Kaas 1990.
25 Vgl. Ganesan 1994, S. 3.
26 Vgl. Plötner/Jacob 1996, S. 107 f.
27 Vgl. Plötner 1995, S. 108 ff und die dort zitierte Literatur.
28 Vgl. hier und im folgenden Plötner 1995, S. 119 ff.; Plötner/Jacob 1996, S. 108 ff.
29 Vgl. insbesondere von Hippel 1986, S. 796; von Hippel 1988, S. 107.
30 Siehe auch Kroeber-Riel/Weinberg 1996, S. 506 ff.
31 Vgl. Plötner/Jacob 1996, S. 115. Siehe auch v.a. Plötner 1995, S. 148 ff. und Lindskold 1981, S. 247 ff.
32 Vgl. z.B. Schoch 1969; Crosby et al. 1990.
33 Vgl. Robinson/Faris/Wind 1967; Webster/Wind 1972; Backhaus 1995.
34 Vgl. Plötner/Jacob 1996, S. 112 f.
35 Vgl. Plötner 1995, S. 155 ff. und die dort zitierte Literatur.
36 Vgl. Plötner/Jacob 1996, S. 113.
37 Zum Aufbau von Selbstvertrauen siehe z.B. Petermann 1992.
38 Vgl. Rössl 1992, S. 65.
39 Siehe hierzu z.B. Hentschel 1991, S. 27 f.; Meyer/Oevermann 1995; Diller 1995b.
40 Siehe auch Diller 1995b, S. 50 ff.; Specht 1996, S. 11 f.
41 Vgl. Diller 1995b, S. 56.
42 Siehe auch Belz 1995.
43 Siehe hier vor allem Kleinaltenkamp/Fließ/Jacob 1996.
44 Vgl. Belz 1991, S. 44; Kleinaltenkamp 1996, S. 15 f.
45 Vgl. Lauszus/Sebastian 1997.
46 Vgl. Belz et al. 1994.
47 Vgl. hier und im folgenden Belz et al. 1991; Belz/Tomczak 1991, S. 88.
48 Vgl. Belz et al. 1991, S. 18 f.
49 Vgl. hierzu Belz et al. 1991; Belz/Tomczak 1991, S. 88; Belz/Tomczak 1992, S. 7; Tomczak 1994; Belz 1997a, S. 22 f.
50 Vgl. Belz 1997a, S. 22.
51 Vgl. Belz 1997a, S. 29.
52 Vgl. Büschken 1997; Friege 1997; Lauszus/Sebastian 1997; Reinecke 1997.
53 Vgl. Debruicker/Summe 1985.
54 Vgl. Dahlke/Kergaßner 1997, S. 186 ff.
55 Vgl. hier und im folgenden Kleinaltenkamp 1996, S. 16 ff. sowie die weiteren Beiträge.
56 Vgl. Dahlke/Kergaßner 1997, S. 182 f.
57 Vgl. dazu Kingman-Brundage 1989, S. 30.
58 Vgl. Shostack 1987, S. 35; Kingman-Brundage 1989, S. 30 ff.; Weiber/Jacob 1995, S. 563 ff.
59 Vgl. Fließ 1996, S. 92 ff.
60 Vgl. Die Untersuchungen von Bednarczuk/Friedrich 1992, S. 90; Hansen/Jeschke 1995, S. 539; Bunk 1993, S. 65.
61 Vgl. hier und im folgenden Stauss/Seidel 1996.
62 Vgl. Ritz-Carlton 1994.
63 Vgl. Belz 197b.
64 Vgl. Reichheld 1996.
65 Siehe auch Bunk 1991.
66 Vgl. Butscher 1995, S. 68 ff.
67 Vgl. hier und im folgenden Müller 1997a; 1997b, S. 11 f.; 1997c, S. 13 f.
68 Vgl. Munkelt/Stippel 1996, S. 24.
69 Vgl. Weiland 1996, S. 98 ff.
70 Vgl. Meyer/Oevermann 1995, Sp. 1349 f.
71 Vgl. Laux 1982, S. 1774 f.
72 Vgl. Holz 1997, S. 57 ff.
73 Vgl. Butscher 1996, S. 47.
74 Vgl. Holz 1997, s. 141.
75 Vgl. Holz 1997, S. 147.
76 Vgl. Butscher 1995, S. 87 und die dort zitierte Literatur.
77 Vgl. O'Brien/Jones 1995, S. 98 f.
78 Vgl. Schulz 1995, S. 301 ff.; O'Brien/Jones 195 und die dort genannten Beispiele.
79 Vgl. Flachsmann 1997, S. 40.

80 Vgl. Stalder 1995, S. 100.
81 Vgl. O'Brien/Jones 1995, S. 100.
82 Vgl. auch O'Brien/Jones, S. 102 f.
83 Vgl. Berry/Parasuraman 1992, S. 160 ff.

Kapitel 4

1   Vgl. Diller 1995b, S. 11 ff.; Meyer/Oevermann 1995, Sp. 1342 f.; Plinke 1989, S. 318.
2   Vgl. hier ein ausführlicheres Rechenbeispiel von Blattberg/Deighton 1997, S. 24 ff.
3   Vgl. z.B. Schütz/Krug 196, S. 193.
4   Vgl. Michels 1996, S. 45.
5   Vgl. Wunderer/Kuhn 1993, S. 178 f.
6   Vgl. Plinke 1996, S. 54.
7   Vgl. Blattberg/Deighton 1997, S. 30 ff.
8   Vgl. Blattberg/Deighton 1997, S. 30 ff.
9   Vgl. z.B. Stiwenius 1985, S. 27.
10 Vgl. auch Kapitel 5.1
11 Siehe auch Weinhold 1988, s. 325 ff.
12 z. B. Datenschutzgesetze
13 Vgl. z.B. Schineis 1991.

LITERATUR

Backhaus, K. (1995): Investitionsgütermarketing. 4. Aufl., München.

Backhaus, K./Aufderheide, D./Späth, G.-M. (1994): Marketing für Systemtechnologien. Entwicklung eines theoretisch-ökonomisch begründeten Geschäftstypenansatzes. Stuttgart.

Bänsch, A. (1995): Variety seeking - Maretingfolgerungen aus Überlegungen und Untersuchungen zum Abwechslungsbedürfnis von Konsumenten. GfK-Jahrbuch der Absatz- und Verbrauchsforschung, 41. Jg., H. 4, S. 342–365.

Bauer, R.A. (1967): Consumer Behavior as Risk Taking. In: Cox, D.F. (Hrsg.): Risk Taking and Information Handling in Consumer Behavior, Boston, S. 23–33.

Bednarczuk, P./Friedrich, J. (1992): Kundenorientierung ohne Marketing, in: absatzwirtschaft, 35. Jg., H. 9, S. 90–97.

Beinlich, G. (1995): Geschäftsbeziehungen – Ein integrativer Überblick auf Basis der politischen Ökonomie, Arbeitspapier zur Marketingtheorie, Nr. 5, Trier.

Belz, C. (1991): Suchfelder im Marketing, Schrift zum 50jährigen Jubiläum der Gesellschaft für Marketing, Zürich.

Belz, C. (1995): Beziehungsmanagement – Eine exotische Sache des Marketing?, in: absatzwirtschaft, 38. Jg., H. 3, S. 72–78.

Belz, C. (1997a): Leistungssysteme, in: Belz, C. (Hrsg.): Leistungs- und Kundensysteme, Bd 1, Kompetenz für Marketinginnovationen, Schrift in 5 Bänden, St. Gallen, S. 12–39.

Belz, C. (unter Mitarbeit von H.-P. Künzler, H. Haedrich u.a.) (1997b): Strategisches Direct Marketing. Vom sporadischen Direct Mail zum professionellen Database Management, Wien.

Belz, C. et al. (1991): Erfolgreiche Leistungssysteme. Stuttgart.

Belz, C. et al. (1994): Management von Geschäftsbeziehungen, Fachbuch Marketing, St. Gallen.

Belz, C./Tomczak, T. (1991): Vom Gelegenheits- zum konstruktiven Marketing, in: absatzwirtschaft, 34. Jg., H. 7, S. 82–92.

Belz, C./Tomczak, T. (1992): Leistungssysteme für technische Produkte und Investitionsgüter, Berichte und Materialien aus dem Forschungsinstitut für Absatz- und Handel, Nr. 2, St. Gallen.

Berry, L.L./Parasuraman, A. (1992): Service-Marketing. Frankfurt a.M./New York.

Blattberg, R.C./Deighton, J. (1997): Aus rentablen Kunden vollen Nutzen ziehen, in: Harvard Business Manager, H. 1, S. 24–36.

Bruhn, M. (1985): Marketing und Konsumentenzufriedenheit, in: Das Wirtschaftsstudium, H. 6, S. 300–307.

Bunk, B. (1991): Very Important Porcelaine, in: absatzwirtschaft, 34. Jg., H. 12, S. 64–66.

Bunk, B. (1993): Das Geschäft mit dem Ärger in: absatzwirtschaft, 36. Jg., H. 9, S. 65–69.

Burmann, C. (1991): Konsumentenzufriedenheit als Determinante der Marken- und Händlerloyalität: Das Beispiel der Automobilindustrie, in: Marketing – Zeitschrift für Forschung und Praxis, 13. Jg., Nr. 4, S. 249–258.

Büschken, J. (1997): Gewinnoptimierung und Risikoreduktion durch nichtlineare Preise, in: THEXIS, H. 2, S. 49–53.

Butscher, S.A. (1995): Kundenclubs als modernes Marketinginstrument. Kritische Analyse und Einsatzmöglichkeiten. 2. Aufl., Ettlingen.

Butscher, S.A. (1996): Kunden-Bindung durch Kunden-Clubs. Kein Erfolgsrezept für jedermann, in: Marketing Journal, H. 1, S. 46-49.

Cespedes, F.V. (1995): Concurrent Marketing: Integrating Product, Sales and Service, Boston, Mass.

Cornelsen, J. (1996): Kundenwert. Begriff und Bestimmungsfaktoren, Arbeitspapier Nr. 43, hrsg.v. H. Diller, Lehrstuhl für Marketing, Universität Erlangen-Nürnberg.

Cox, D.F. (1967): Risk Handling in Consumer Behavior, in: Cox, D.F. (Hrsg.): Risk Taking and Information Handling in Consumer Behavior, Boston, S. 34–81.

Crosby, L.A. et al. (1990): Relationship Quality in Services Selling: An Interpersonal Influence Perspective, in: Journal of Marketing, Vol. 54, H. 3, S. 68–81.

Cunningham, S.M. (1967): The Major Dimensions of Perceived Risk, in: Cox, D.F. (Hrsg.): Risk Taking and Information Handling in Consumer Behavior, Boston, S. 82–108.

Dahlke, B./Kergassner, R. (1996): Customer Integration und Gestaltung von Geschäftsbeziehungen, in: Kleinaltenkamp, M./Fließ, S./Jacob, F. (Hrsg.): Customer Integration - Von der Kundenorientierung zur Kundenintegration, Wiesbaden, S. 177–191.

Darby, M.R./Karni, E. (1973): Free Competition and the Optimal Amount of Fraud, in: Journal of Law and Economics, Vol. 16, S. 67–88.

Davidow, W./Uttal, B. (1991): Service total. Frankfurt a.M.

Debruicker, F.S./Summe, G.L. (1985): Aus Kunden Stammkunden machen, in: Harvard Manager, H. 3, S. 40–47.

Diller, H. (1995a): Kundenmanagement, in: Tietz, B./Köhler, R./Zentes, J. (Hrsg.): Enzyklopädie der Betriebswirtschaftslehre, Band 4: Handwörterbuch des Marketing, 2. Aufl., Stuttgart, Sp. 1363–1376.

Diller, H. (1995b): Kundenbindung als Zielvorgabe im Beziehungs-Marketing, Arbeitspapier Nr. 40, hrsg. v. H. Diller, Institut für Marketing, Universität Nürnberg-Erlangen.

Diller, H./Kusterer, M. (1988): Beziehungsmanagement. Theoretische Grundlagen und explorative Befunde, in: Marketing – Zeitschrift für Forschung und Praxis, 10. Jg., H. 3, S. 211–220.

Diller, H./Lücking, J./Prechtel, W. (1992): Gibt es Kundenlebenszyklen im Investitionsgütergeschäft? – Ergebnisse einer empirischen Studie, Arbeitspapier Nr.12, hrsg. v. H. Diller, Institut für Marketing, Universität Nürnberg-Erlangen.

Dwyer, R.F. (1989): Customer Lifetime Valuation to Support Marketing Decision Making, in: Journal of Direct Marketing, Vol. 3, No. 4, S. 8–15.

Dwyer, R.F./Schurr, P.H./Oh, S. (1987): Developing Buyer-Seller Relationships, in: Journal of Marketing, Vol. 51, April, S. 11–27.

Engelhardt, W.H./Freiling, J. (1996): Prekäre Partnerschaften, in: absatzwirtschaft, Sondernr. Okt., S. 145–151.

Esch, F.-R./Billen, P. (1994): Ansätze zum Zufriedenheitsmanagement: Das Zufriedenheitsportfolio, in:

Tomczak, T./Belz, C. (Hrsg.): Kundennähe realisieren. Ideen – Konzepte – Methoden – Erfahrungen, St. Gallen, S. 407–424.

Flachsmann, S. (1997): Kleben was das Zeug hält, in: Marketing & Kommunikation, Extra 97, S. 40.

Fliess, S. (1996): Prozessevidenz als Erfolgsfaktor der Kundenintegration, in: Kleinaltenkamp, M./Fliess, S./Jacob, F. (Hrsg.): Customer Integration – Von der Kundenorientierung zur Kundenintegration, Wiesbaden, S. 91–103.

Friege, C. (1997): Preispolitik von Dienstleistungen, in: THEXIS, H. 2, S. 9–14.

Ganesan, S. (1994): Determinants of Long-Term Orientation in Buyer-Seller Relationships, in: Journal of Marketing, Vol. 58, April, S. 1-19.

Hansen, U./Jeschke, K. (1992): Nachkaufmarketing. Ein neuer Trend im Konsumentenmarketing?, in: Marketing – Zeitschrift für Forschung und Praxis, 14. Jg., H. 2, S. 88-97.

Hansen, U./Jeschke, K. (1995): Beschwerdemanagement für Dienstleistungsunternehmen – Beispiel des Kfz-Handels, in: Bruhn, M./Stauss, B. (Hrsg.): Dienstleistungsqualität. Konzepte – Methoden – Erfahrungen, 2. Aufl., Wiesbaden, S. 525–550.

Hentschel, B. (1991): Beziehungsmarketing, in: Das Wirtschaftsstudium, 20. Jg., Nr. 1, S. 25–28.

Holz, S. (1997): Kundenclubs als Kundenbindungsinstrument, Diss. an der Universität St. Gallen, Bamberg.

Jones, Th.O./Sasser, W.E. (1995): Why Satisfied Customer Defect, in: Harvard Business Review, Nov.-Dec., S. 88–99.

Kaas, K.P. (1990): Marketing als Bewältigung von Informations- und Unsicherheitsproblemen im Markt, in: Die Betriebswirtschaft, 50. Jg., H. 4, S. 539–548.

Kestnbaum, R.D. (1992): Quantitative Database Methods, in: Nash, E.L. (Hrsg.): The Direct Marketing Handbook, 2. Aufl., New York u.a., S. 588–597.

Kingman-Brundage, J. (1989): The ABC's of Service System Blueprinting, in: Bither, M.J./Crosby, L.A. (Hrsg.): Designing a winning Service Strategy, 7th Annual Service Marketing Conference Proceedings, Chicago, S. 30–33.

Kleinaltenkamp, M. (1996): Customer Integration – Kundenintegration als Leitbild, in: Kleinaltenkamp, M./Fliess, S./Jacob, F. (Hrsg.): Customer Integration – Von der Kundenorientierung zur Kundenintegration, Wiesbaden, S. 13–24.

Kleinaltenkamp, M./Fliess, S./Jacob, F. (Hrsg.) (1996): Customer Integration – Von der Kundenorientierung zur Kundenintegration, Wiesbaden.

Klemperer, P. (1987): Markets with Consumer Switching Costs, in: Quarterly Journal of Economics, Vol. 102, No. 2, S. 375–394.

Kroeber-Riel, W./Weinberg, P. (1996): Konsumentenverhalten, 6. Aufl., München.

Kuss, A. (1991): Käuferverhalten. Stuttgart.

Larson, A. (1992): Network Dyads in Entrepreneural Settings: A Study of the Governance of Exchange Relationships, in: Administrative Science Quarterly, Vol. 37, H. 1, S. 76–104.

Lauszus, D./Sebastian, K.-H. (1997): Value based-Pricing: «Win-Win»-Konzepte und Beispiele aus der Praxis, in: THEXIS, H. 2, S. 2–8.

Laux, H. (1982): Interaktive Werbung – Dialogtechnik in der Werbung, in: Tietz, B. (Hrsg.): Die Werbung – Handbuch der Kommunikations- und Werbewirtschaft, Bd 2, Landsberg am Lech, Sp. 1765–1782.

Levitt, T. (1983): After the Sale is Over, in: Harvard Business Review, Vol. 61, Sep.–Oct, S. 87–93.

Lindskold, S. (1981): Die Entwicklung von Vertrauen – der GRIT-Ansatz und die Wirkung von konziliatem Handeln auf Konflikt und Kooperation, in: Grunwald, W./Lilge, H.-G. (Hrsg.): Kooperation und Konkurrenz in Organisationen, Bern/Stuttgart, S. 241–273.

Link, J. (1995): Welche Kunden rechnen sich? in: Absatzwirtschaft, 38. Jg., H. 10, S. 108-110.

Link, J./Hildebrand, V.G. (1993): Database-Marketing und Computer Aided selling. Strategische Wettbewerbsvorteile durch neue informationstechnologische Systemkonzeptionen, München.

MacDonald, S. (1996): Wenn zuviel Kundennähe zur Abhängigkeit führt, in: Harvard Business Manager, H. 2, S. 95–103.

Mauch, W. (1990): Bessere Kundenkontakte dank Sales Cycle, in: THEXIS, H. 1, S. 15–18.

Meyer, A./Oevermann, D. (1995): Kundenbindung, in: Tietz, B./Köhler, R./Zentes, J. (Hrsg.): Enzyklopädie der Betriebswirtschaftslehre, Band 4, Handwörterbuch des Marketing, 2. Aufl., Stuttgart, Sp. 1340–1351.

Meyer, A./Dornach, F. (1994): Das deutsche Kundenbarometer 1994 – Qualität und Zufriedenheit – Eine Studie zur Kundenzufriedenheit in der Bundesrepublik Deutschland, hrsg. v. Deutsche Marketing-Vereinigung e.V./Deutsche Bundespost POSTDIENST, Düsseldorf/Bonn.

Meyer, A./Dornach, F. (1995): Nationale Barometer zur Messung von Qualität und Kundenzufriedenheit bei Dienstleistungen, in: Bruhn, M./Stauss, B. (Hrsg.): Dienstleistungsqualität. Konzepte – Methoden – Erfahrungen, 2. Aufl., Wiesbaden, S. 429–453.

Michels, G. (1996): Im Tankstellennetz der guten Beziehungen, in: Absatzwirtschaft, Sondernummer Okt., S. 42–47.

Müller, F. (1997a): Kundenzeitschriften in der Unternehmungskommunikation, Diss. an der Universität St. Gallen, St. Gallen (Im Druck).

Müller, F. (1997b): Was leisten Kundenzeitschriften?, in: comm facts, Nr. 3, S. 11 f.

Müller, F. (1997c): Die Kundenzeitschrift: ein Tausendsassa in der Unternehmenskommunikation, in: comm facts, Nr. 4, S. 13 f.

Müller, W./Riesenbeck, H.J. (1991): Wie aus zufriedenen auch anhängliche Kunden werden, in: Harvard Business Manager, H. 3, S. 67–79.

Munkelt, I./Stippel, P. (1996): Themen, Thesen und Trends vom Relationship Marketing, in: Absatzwirtschaft, 39. Jg., H. 11, S. 20–26.

Nelson, Phillip (1970): Information and Consumer Behavior, in: Journal of Political Economy, Vol. 78, No. 2, S. 311–329.

O'Brien, L./Jones, Ch. (1995): Loyalitätsprogramme richtig konzipieren, in: Harvard Business Manager, Nr. 4, S. 98–105.

o.V. (1995): Dialog macht stark, in: Absatzwirtschaft, 35. Jg. H. 3, S. 30-39.

Peter, S./Schneider, W. (1994): Strategiefaktor Kundennähe – vom Transaktionskostendenken zum Relationship Marketing, in: Marktforschung & Management, 38. Jg., Nr. 1, S. 7–11.

Petermann, F. (1992): Psychologie des Vertrauens. München.

Plinke, W. (1989): Die Geschäftsbeziehung als Investition, in: Specht, G./Silberer, G./Engelhardt, H.W. (Hrsg.): Marketing-Schnittstellen, Stuttgart, S. 305–325.

Plinke, W. (1995): Kundenanalyse, in: Tietz, B./ Köhler, R./ Zentes, J. (Hrsg.): Enzyklopädie der Betriebswirtschaftslehre, Band 4, Handwörterbuch des Marketing, 2. Aufl., Stuttgart, Sp. 1328–1340.

Plinke, W. (1996): Kundenorientierung als Voraussetzung der Customer Integration, in: Kleinaltenkamp, M./ Fliess, S./Jacob, F. (Hrsg.): Customer Integration – Von der Kundenorientierung zur Kundenintegration, Wiesbaden, S. 41–56.

Plinke, W. (1997): Grundlagen des Geschäftsbeziehungsmanagements, in: Kleinaltenkamp, M./Plinke, W. (Hrsg.): Geschäftsbeziehungsmanagement, Berlin u.a.O., S. 1–61.

Plötner, O./Jacob, F. (1996): Customer Integration und Kundenvertrauen, in: Kleinaltenkamp, M./Fliess, S./ Jacob, F. (Hrsg.): Customer Integration – Von der Kundenorientierung zur Kundenintegration, Wiesbaden, S. 105–119.

Plötner, Olaf (1995): Das Vertrauen des Kunden, Wiesbaden.

Press, B. (1997): Kaufverhalten in Geschäftsbeziehungen, in: Kleinaltenkamp, M./Plinke, W. (Hrsg.): Geschäftsbeziehungsmanagement. Berlin u.a.O., S. 63–110.

Reichheld, F.F. (1996): Learning from Customer Defections, in: Harvard Business Review, March-April, S. 56–69.

Reichheld, F.F./Sasser, W.E. Jr. (1990): Zero Defections: Quality Comes to Services, in: Harvard Business Review, Vol. 68, No. 5, S. 105–111.

Reinecke, S. (1993): Nutzen von Datenbanken, (Masch.), FAH, St. Gallen.

Reinecke, S. (1996): Management von IT-Outsourcing-Kooperationen. Von der IT-Effizienzsteigerung zur Informationsoptimierung, Diss. an der Universität St. Gallen, St. Gallen.

Reinecke, S. (1997): Preise am Kundennutzen orientieren, in: THEXIS, H. 2, S. 40–45.

Ritz-Carlton Hotel Company (1994): The Ritz-Carlton Hotel Company – Preisträger 1992 der höchsten amerikanischen Qualitätsauszeichnung, des Malcolm Baldrige National Quality Award: Zusammenfassung der Bewerbungsunterlagen, in: Stauss, B. (Hrsg.): Qualitätsmanagement und Zertifizierung, Wiesbaden, S. 365–395.

Robinson, P.J./Faris, C.W./Wind, Y. (1967): Industrial Buying and Creative Marketing, Boston.

Rössl, D. (1992): Die Funktion und die Bildung von Vertrauen in der unternehmerischen Partnerschaft, in: Betriebswirtschaftliches Institut für empirische Gründungs- und Organisationsforschung e.V. (Hrsg.): Partnerschaftsmanagement in unternehmerischen Partnerschaften, Dortmund, S. 54–71.

Scheiter, S./ Binder, Ch. (1992): Kennen Sie Ihre rentablen Kunden, in: Harvard Manager, H. 2, S. 17–22.

Schineis, M. (1991): Misstrauen gegenüber Direktwerbung, in: absatzwirtschaft, 34. Jg., H. 9, S. 88–90.

Schoch, R. (1969): Der Verkaufsvorgang als sozialer Interaktionsprozess, Winterthur.

Schulz, B. (1995): Kundenpotentialanalyse im Kundenstamm von Unternehmen, Frankfurt a.M. u.a.O.

Schütz, P./Krug, H. (1996): Top oder Flop? Kundenbeziehungen profitabel gestalten, in: absatzwirtschaft, Sondernummer Okt., S. 188–193.

Schütze, R. (1992): Kundenzufriedenheit. After-Sales-Marketing auf industriellen Märkten, Wiesbaden.

Schwertfeger, B. (1997): Mehr Profit durch Loyalität, in: Handelszeitung, Nr. 20 v. 15.5.97, S. 17.

Shostack, G.L. (1987): Service positioning trough structural change, in: Journal of Marketing, Vol. 51, No. 1, S. 34–43.

Simon, H./Butscher, S.A. (1997): Automatisierung von Dienstleistungen: Gefährlicher Spagat, in: absatzwirtschaft, 40. Jg., H. 2, S. 46–49.

Specht, U. (1996): Relationship Marketing, in: absatzwirtschaft, Sondernummer Okt., S. 10–12.

Spremann, K. (1988): Reputation, Garantie, Information, in: Zeitschrift für Betriebswirtschaft, 58. Jg., H. 5/6, S. 613–629.

Stalder, P. (1995): Auf den Bonus fliegen, in: Bilanz, H. 8, S. 100.

Stauss, B. (1994): Der Einsatz der «Critical Incident Technique» im Dienstleistungsmarketing, in: Tomczak, T./Belz, C. (Hrsg.): Kundennähe realisieren. Ideen – Konzepte – Methoden – Erfahrungen, St. Gallen, S. 233–250.

Stauss, B. (1995): «Augenblicke der Wahrheit» in der Dienstleistungserstellung – ihre Relevanz und ihre Messung mit Hilfe der Kontaktpunkt-Analyse, in: Bruhn, M./Stauss, B. (Hrsg.): Dienstleistungsqualität. Konzepte – Methoden – Erfahrungen, 2. Aufl., Wiesbaden, S. 379–399.

Stauss, B. (1997): Führt Kundenzufriedenheit zur Kundenbindung? in: Belz, C. (Hrsg.): Marketingtransfer, Bd 5, Kompetenz für Marketinginnovationen, Schrift in 5 Bänden, St. Gallen, S. 76–86.

Stauss, B./ Seidel, W. (1996): Beschwerdemanagement: Fehler vermeiden–Leistungen verbessern–Kunden binden, München/Wien.

Stauss, B./Neuhaus, P. (1995): Das Qualitative Zufriedenheitsmodell (QZM), Diskussionsbeitrag der Wirtschaftswissenschaftlichen Fakultät Ingolstadt.

Stiwenius, O. (1985): Planning for a Rapidly Changing Environment in SAS, in: Long Range Planning, Vol. 18, No. 2, S. 22–29.

Szallies, R. (1996): Vom Bankkunden zum Finanzkäufer, in: absatzwirtschaft, Sondernummer Okt., S. 94–101.

Tomczak, T. (1994): Relationship Marketing, in: Tomczak, T./Belz, C. (Hrsg.): Kundennähe realisieren. Ideen – Konzepte – Methoden – Erfahrungen, St. Gallen, S. 193–216.

Töpfer, A. (1995): Anforderungen des Total Quality Management an Konzeption und umsetzung des internen Marketing, in: Bruhn, M. (Hrsg.): Internes Marketing, Wiesbaden, S. 545–573.

von Hippel, E. (1986): Lead Users – A Source of Novel Product Concepts, in: Management Science, Vol. 7, S. 791–805.

von Hippel, E. (1988): The Source of Innovation, New York/Oxford.

Wackman, D.B./ Salmon C./ Salmon C. (1986): Developing and Advertising Agency-Client-Relationships, in: Journal of Advertising Research, Winter, S. 21–28.

Webster, F.E. Jr./Wind, Y. (1972): Organizational Buying Behavior, Englewood Cliffs NJ.

Weiber, R. (1997): Das Management von Geschäftsbeziehungen im Systemgeschäft, in: Kleinaltenkamp, M./ Plinke, W. (Hrsg.): Geschäftsbeziehungsmanagement, Berlin u.a.O., S. 277–348.

Weiber, R./Jacob, F. (1995): Kundenbezogene Informationsgewinnung, in: Kleinaltenkamp, M./Plinke, W. (Hrsg.): Technischer Vertrieb. Grundlagen, Berlin u.a.O., S.509–595.

Weigand, R.E. (1991): Buy In-Follow On Strategies for Profit, in: Sloan Management Review, Vol. 32, No. 3, S. 29–38.

Weiland, H. (1996): Der Leser ist das Ziel, in: w&v, H. 45, S. 98–101.

Weinhold, H. (1988): Die Wahrheit über Direct Marketing, in: Forschungsbericht für das Montreux Symposium for Direct Marketing Communication, St. Gallen/Zürich, FAH.

Wunderer, R./Kuhn, T. (1993): Unternehmerisches Personalmanagement. Konzepte, Prognosen und Strategien für das Jahr 2000, Frankfurt a.M.

zur Bonsen, M. (1991): Wie Sie beim Kunden «Aha-Effekte» auslösen, in: Gablers Magazin, 5. Jg., H. 4, S. 16–19.

WIR SIND AN IHRER MEINUNG INTERESSIERT !

Forschungsinstitut für Absatz und Handel Fax: +41/71/224 28 57
an der Universität St. Gallen
z. Hd. Dipl.-Kffr. Sabine Dittrich
Bodanstr. 8
9000 St. Gallen

Bei welchen Themen des Manuals fanden Sie sich bestätigt? Wo sind Sie anderer Meinung?

Wo sehen Sie die grössten Herausforderungen in Ihrer Branche/Ihrem Unternehmen bei der Kundenbindung?

Wie gehen Sie vor, um diese Herausforderungen zu bewältigen?

ABSENDER:

Stempel: **Name:**

 Strasse:

 Ort:

– KOPIERVORLAGE – KOPIERVORLAGE – KOPIERVORLAGE –